파시스트
거짓말의 역사

A Brief History of Fascist Lies

페데리코 핀첼스타인
Federico Finchelstein

장현정 옮김

파시스트
거짓말의 역사

들어가며

"당신이 보는 것, 그리고 읽는 것은 실제로 일어나는 일이 아니다."

- 도널드 트럼프[2018]

"그 이후로 진실과 거짓 사이의 투쟁은 계속되고 있다. 그리고 언제나 그랬던 것처럼, 이 투쟁은 진실의 승리로 끝날 것이다."

- 아돌프 히틀러[1941]

"당신은 나를 믿어야 한다. 나는 언제나 그리고 어디서나 진실을 말하기 때문이다. 그것은 내 삶의 철학이다."

- 베니토 무솔리니[1924]

파시즘의 역사에서 중요한 교훈 중 하나는 인종차별적 거짓말이 극단적인 정치폭력으로 이어졌다는 점이다. 그리고 오늘날, 이 거짓말들은 다시 힘을 얻고 있다. 이는 파시즘의 역사에서 그 어느 때보다 중요한 교훈이다. 우리가 지금의 이 험악하고 피곤한 상황을 이해하려면 그들의 미사여구가 어떻게, 또 왜 인류를 홀로코스트와 전쟁 및 파괴로 이끌었는지 파시스트 이데올로기의 역사에 주목할 필요가 있다. 이토록 짧은 기간 동안 어떻게 그렇게 많은 폭력과 인종차별이 일어날 수 있었는지 깨닫게 해주는 역사가 필요하다. 나치를 비롯한 수많은 파시스트는 어떻게 권력을 장악하고 수백만 명의 사람들을 학살했을까? 바로 이데올로기적 거짓말을 퍼트림으로써 그렇게 할 수 있었다. 파시스트들은 주로 진실을 왜곡하고 거짓을 확산시킴으로써 정치적 힘을 얻을 수 있었다.

오늘날 우리는 전 세계적으로 새로운 우익 포퓰리스트 지도자들이 연이어 등장하고 있음을 목격하고 있다. 그리고 이들은 과거의 파시스트 지도자들과 매우 흡사하게 자신들의 정치적 권력의 대부분을 사실에 의문을 제기하거나 미신, 분노, 편집증 같은 것들을 옹호하거나 거짓말을 조장함으로써 만들어 낸다.

나는 이 책에서 파시스트들이 진실을 어떻게 자기들만의 방식으로 이해했으며, 어떻게 정치적 거짓을 활용해 왔는지에 대한 역사적 분석을 제공할 것이다. 이는 종종 '파시스트의 부활', 혹은 '탈脫진실'의 시대로 묘사되는 지금과 같은 상황에서 매우 시의적절한 질문이 될 것이다. 이 책은 파시스트 정치와 그 거짓말의 역사를 통해 바로 지금 우리 주변에서 일어나는 정치적 거짓말에 대해 살펴볼 수 있도록 역사적 사유의 틀을 제시한다.

거짓말은 물론 정치만큼이나 오래된 것이다. 선전과 선동, 위선과 허위는 정치 권력투쟁의 역사에서라면 언제 어디서나 존재한다. 정치의 역사를 보면, 더 높은 차원의 선善이라는 명분 아래 진실을 감추는 행위는 하나의 전형이었다. 자유주의자나 공산주의자, 혹은 군주제를 옹호하는 사람이나 민주주의자, 폭군과 독재자들 역시 반복적으로 거짓말하기는 마찬가지였다. 확실히 파시스트들만 거짓말을 한 것도 아니고 그들의 후손이랄 수 있는 우리 시대의 파시스트들만 거짓말하는 것도 아니다. 실제로 독일의 유대인 철학자 막스 호르크하이머Max Horkheimer*는 권력에 대한 진리의 복종이야말로 근대성의 핵심임을 알아차렸다.[1] 그러나 같은 논쟁은 고대에도 가능했다. 비교적 최근 역사에서 파시스트들의 거짓말을 살펴본다고 해서 자유주의자나 보수주의자, 공산주의자 등이 면죄부를 받는 것은 아니다.

사실 거짓말과 진실을 상황에 따라 탄력적으로 받아들이는 것은 많은 정치 운동의 특징이었다.[2] 다만 여기서 명확히 하고 싶은 것은, 파시스트와 지금의 포퓰리스트 거짓말쟁이들은 그들만의 리그에서 논다는 점이다.

----

* 호르크하이머는 〈계몽의 변증법〉 공저자로 근대성에 대한 비판의 물꼬를 튼 프랑크푸르트학파 사상가다.

정치에서 파시스트들의 거짓말은 일반적인 것과 거리가 멀다. 그 차이가 심각한 수준이더라도 정도의 문제 차원으로 바라볼 일이 아니다. 거짓말은 다른 정치 전통에서는 볼 수 없는 파시즘만의 특징이다. 거짓말은 말하자면 자유주의에서는 부수적이지만, 파시즘에서는 그렇지 않다. 사실상 파시스트들의 기만술은 역사 속 다른 형태의 정치적 전통과 거의 공유하는 바가 없을 만큼 특이하다. 그들은 전통적으로 말하는 정치적 이중성을 넘어서 있다. 파시스트들은 그들의 거짓말을 단순하고도 절대적인 진실을 위한 것으로 생각하지만, 사실 그것은 더 큰 거짓말이다. 그리고 이 거짓말들은 그 자체로 파시스트의 역사를 정당화한다.

*

이 책은 파시스트들이 진실에 대해 어떤 입장을 취했는지, 또 무엇이 파시스트 거짓말의 역사적 토대를 마련했는지에 대해 설명한다. 이런 역사는 오슬로에서 피츠버그, 크라이스트처치에서 파웨이에 이르기까지 파시스트 테러리스트들이 끔찍한 폭력을 통해 자신들의 거짓말을 현실로 바꿀 때마다 오늘날까지 여전히 반향을 일으키는 중이다.

이 책의 집필을 거의 마무리할 무렵, 텍사스 엘파소에 있는 월마트에서 미국 역사상 최악의 반反히스패닉 공격이 일어나 파시스트에 의해 20명이 학살당했다. 이 파시스트 범인은 실제 역사나 현실과는 전혀 무관한 '진실'을 들먹였다. 실제로 그는 자신의 짧은 선언문에 '불편한 진실'이라는 제목을 붙이기도 했다. 범인은 자신의 공격이 히스패닉 침략자들에 대한 선제적 행동이었다고 주장하며 "선동자는 내가 아니라 저들이다"라고 주장했다. 특히 그는 미국에서 태어난 히스패닉계 이민자의 자녀들은 진짜 미국인이 아니라며 우려했다. 그렇게 함으로써 그는 자기 같은 사람들이 미국 시민권이나 법적 지위를 결정하기 위한 표준이 되어야 한다고 믿는 사악하고도 인종차별적인 기준을 강조했다. 이 기준은 그러나 일어나지 않은 사실에 기반하고 있었다. 이민자들은 정복이나 전염을 목표로 미국 국경을 넘어온 게 아니었기 때문이다. 또 한편, 이것은 백인 우월주의의 인종차별적 이데올로기가 주장하는 것과도 달랐다.

파시스트의 인종주의는 인간이 우월한 인종과 열등한 인종으로 위계적으로 분리되어 있다는 거짓말에 근거한다. 열등한 인종은 우월한 인종을 지배하려 들기 때문에 백인들이 선제적으로 자신을 방어해야 한다는, 완전히 편집증적인 환상에 기반하고 있는 것이다. 이런 거짓말들로 인해 범인은 살인을 저질렀다. 테러리스트들이 희생자들을 향해 자신들의 인종차별적이고 전체주의적인 견해를 투사하거나 희생자들의 죽음과 자신들의 거짓말을 하나로 엮어 생각하는 것은 새로운 일이 아니다. 파시스트들은 이전부터 이미 수없이 많은 살인을 진실로 가장한 거짓의 이름으로 저질러왔다. 그러나 이전과 다른 점은, 지금의 파시스트들은 권력을 가진 포퓰리스트들과 공통된 목표를 공유하고 있다는 점이다. 다시 말해, 그들의 인종차별적 견해가 백악관 지도부와도 공유되고 있다는 점이다.

파시즘은 아래로부터 작동되지만, 위로부터 정당화된다. 브라질 대통령 자이르 보우소나루Jair Messias Bolsonaro가 공개적으로 아프리카계 브라질인들을 폄하하거나 미국 대통령 도널드 트럼프Donald Trump가 멕시코인들을 강간범이나 "캐러밴"을 타고 오는 "침략자들"이라고 불렀을 때, 일부 정치적 추종자들은 자신들의 파시스트적 사고방식을 공인받았다. 인종차별적 거짓말은 대중적 담론을 통해 점점 더 증식한다. 뉴욕타임스가 엘파소 총격사건 이후 설명한 것처럼, "트럼프 대통령은 작년 중간선거전 유세에서 미국이 국경을 향하는 이민자들에 의해 공격받고 있음을 거듭 경고했다. 그는 한 집회에서 '무엇이 행진 중인지 보라, 이것은 침략이다!'라고 선언했다. '이것은 침략이다!'라는 선언이 있고 9개월 뒤에 21세의 백인 남성이 엘파소 총격 사건을 일으킨 것이다. 그는 '이 공격은 히스패닉들의 텍사스 침공에 대한 응답'이라는 성명서와 이민자들에 반대한다는 선언문을 작성한 뒤 월마트에 가서 총기를 난사해 20명을 죽이고 수십

명을 다치게 했다."[3]

엘파소의 청년을 살인범으로 만든 것과 똑같은 거짓말이 이른 바 '미국을 다시 위대하게Make America Great Again' 만들겠다는 시도와 트럼프주의의 중심에 있다. 영구적으로 기록에 남을 거짓말이 이제는 미국 대통령의 일상이 되었다. 트럼프는 끊임없이 특정 선전 기법을 활용하고, 아무런 의미도 없는 거짓말을 하며, 합리적 토론을 편집증과 분노로 대체해 현실 자체를 의심하게 했다.[4] 공식적인 기록에 분명하게 남아있음에도 자기가 한 말이 아니라고 발뺌하는 수많은 문서화 된 사례들과 주류 언론에 대한 트럼프의 공격은 이 책에서 분석하는 파시스트 거짓말의 역사와 연관되어 있다.

나아가 트럼프의 의제는 종종 자신과 다르거나, 다르다고 느끼거나, 다르게 행동하는 사람들에 대한 사람들의 편집증과 허구에 기반한 이데올로기적 전제를 실제 정치로 바꾸어 버린다. 예를 들어 흑인 커뮤니티와 이웃, 언론인과 정치인을 모욕하고 무슬림와 라틴계 이민자들을 구체적으로 겨냥한 인종차별적 조치들을 채택했다. 동시에 그는 버지니아주 샬러츠빌에서 열린 행진에 참여한 백인 민족주의 시위대를 옹호했는데 이 시위에 반대하던 사람은 살해되기도 했다.[5] 워싱턴포스트의 이샨 타루어 Ishaan Tharoo가 설명한 것처럼, "그는 이민자와 사회적 소수자들을 공격하고 비하하고 악마화하면서 자신의 집토끼들이랄 수 있는 백인 민족주의자들의 불만을 증폭시켰고 최근 몇 주 동안 소수계 여성 의원들에게 장황한 비난을 퍼부었으며 미국의 도심을 '감염 지역'으로 묘사했다. 2018년 중간선거를 앞두고 재선을 위한 캠페인이 본격화되자 그는, 미국과 멕시코 간 국경에서 일어나는 이민자들의 '침략'에 대한 공포와 분노를 불러일으키면서 지금 미국에 실존적 위협이 다가오고 있다며 경고했다."[6]

백악관은 어떻게 파시스트 테러리스트들의 행동을 조장하고 자극할 수 있었을까? 이전에 쓴 책『파시즘에서 포퓰리즘으로의 역사From Fascism to Populism in History』에서 설명한 것처럼 우리는 파시즘과 포퓰리즘이라는 서로 다른 두 정치 이데올로기가 정치적 폭력을 방치하고 외국인 혐오를 조장한다는 공통 목표를 공유하게 된 새로운 역사적 장을 목격하고 있다. 파시스트 암살자들과 포퓰리즘 정치인들이 공통의 목표를 가지게 된 것이다.

파시즘과 달리 포퓰리즘은 1945년 이후 파시즘의 유산을 다른 민주적 절차와 결합하기 위해 재구성한 것으로, 민주주의에 대한 권위주의적 이해라고 할 수 있다. 파시즘의 패배 이후 포퓰리즘은 민주적 시대에 맞게 파시즘을 변형하여 '포스트 파시즘'의 한 형태로 등장했다. 쉽게 말해 포퓰리즘은 민주주의에 맞게 개조한 파시즘이다.

이제 미국에서 트럼프와 이념을 공유하는 사람들이 거리에서 이민자들을 대놓고 괴롭히는 일에서부터 트럼프가 '국민의 적'이라고 낙인찍은 이들에게 폭탄을 보내는 일까지, 정치적 폭력 행사가 더는 놀라운 일이 아니게 되었다. 이런 정치적 폭력은 미국 정부나 지도부의 지시와는 무관하게 일어나지만 그럼에도 트럼프에게는 이런 폭력 분위기 조장에 대한 도덕적이고 윤리적 책임이 있다.[7]

이런 폭력 분위기는 진실인 것처럼 포장된 인종차별적 거짓말의 이름 아래 조장된다.[8] 이런 상황은 역사 속 파시스트의 거짓말들과 대단히 많은 유사점을 갖는다. 사실 독일과 미국의 파시즘 사이에는 강력하고도 역사적인 유대가 존재한다. 나치는 20세기 초에 미국의 인종차별 및 분리주의 정책들에 감탄하면서 공식적으로 인종차별을 합법화한 '짐 크로우 법안Jim Crow legislation'을 모델로 자신들의 '뉘른베르크 법Nuremberg laws'을 만들었다.[9] 히틀러 자신도 독일 작가 칼 메이Karl May가 쓴 아리안 민족의 미국 서부 정복 이야기를 동경했다. 오늘날 히틀러의 사상은 미국 신나치주의자들의 신념, 즉 자신들이 아리안 유산의 계승자이며 침략에 맞서 이를 방어할 책임이 있다는 믿음에 반영되어 있다.

역사를 통해 우리는 파시스트의 거짓말이 끔찍한 결과로 이어졌음을 알고 있다. 우리는 파시스트의 거짓말이 현실로 둔갑했을 때 어떤 일이 일어났는지 잘 알고 있다. 독일 파시즘이 성공할 수 있었던 것은 단순히 히틀러의 인종차별 정책을 지지한 사람들뿐만 아니라 국가사회주의의 핵심이 인종차별이라는 사실에 전혀 신경 쓰지 않았던 사람들 때문이었다. 그때와 지금의 중요한 차이라면, 지금은 대통령의 인종차별적 거짓말과 그것이 미국 사회에 광범위하게 끼치는 영향에 대해 엄청난 비난이 쏟아지고 있다는 점이다. 자유로운 언론이 모두 말살되었던 히틀러와 무솔리니의 독재 시대와 달리, 오늘날 미국에는 여전히 활동 중인 '독립언론'들이 있다. 그들의 활동은 민주주의에 필수적이다. 언론이 거짓말을 하고 신뢰할 수 없다며 비난하는 것은, 이 책에서 분석한 것처럼 지도자만이 진리의 근원이 될 수 있다는 생각에서 비롯된다. 미국 대통령이 언론인을 악마화하고 심지어 '국민의 적'이라고까지 부르는 시대에 독립언론들은 꾸준히 거짓말을 고발하며 그것이 거짓임을 밝히는 진실의 증거들을 뒷받침하고 있다.

이는 비단 미국만의 이야기가 아니다. 마찬가지로 브라질에서는 '열대의 트럼프'로 불리는 보우소나루가 언론인들을 악마화하고 독재정책들을 미화하며 환경에 대한 말도 안 되는 거짓말들을 진짜인 것처럼 퍼뜨려 왔다. 기후변화라는 흐름에 역행하면서, 트럼프와 보우소나루는 공히 아마존의 급속한 파괴라는 현재 지구상에서 일어나고 있는 가장 큰 범죄와 직결된 산업들을 지원해 왔다. 파시스트의 '피와 흙'에 대한 거짓말처럼, 포퓰리스트의 거짓 역시 사람뿐만 아니라 지구에 대한 폭력과도 얽혀있다. 가디언의 보도처럼, 아마존 숲은 "최근의 기억에서 가장 두려운 속도로 불타 없어지고 베어 없어지고 있다. … 매일 맨해튼 섬 하나가 사라지고 있는 것과 같은 속도다." 보우소나루는 자신의 통치 기간에 삼림파괴가 기하급수적으로 증가했다는 것은 사실이 아니라면서 해당 기관이 '거짓 수치'로 조작했다고 비난했다. 그러나 뉴욕타임스의 보도처럼, "그 비난에는 근거가 없었다."[10]

파시즘의 역사가 증명하듯, 이러한 거짓들에 의문을 제기하는 것은 민주주의 존립을 위해 매우 중요하다. 트럼프가 실체적 증거도 없이 선거 시스템에 대한 의혹을 불러일으키고 있다는 사실은 가볍게 보아 넘길 일이 아니다. 예를 들어, 트럼프는 2016년 선거에서 캘리포니아의 수백만 불법 선거인단이 힐러리 클린턴에게 투표했으며 다른 주에서도 이런 선거 사기가 있었다고 주장했지만, 이는 그 자신도 증명하지 못하는 주장이었다. 트럼프의 이런 반복적인 거짓말들은 민주주의에 대한 심각한 공격이다. 그들은 파시스트들이 그랬던 것처럼 꼭 그렇게, 민주주의라는 제도에 대한 사람들의 믿음을 흔든다. 하지만 가장 중요한 차이점은, 포퓰리스트들은 단지 대의민주제의 힘을 약화하려는 것일 뿐이지만 파시스트들은 아예 민주주의를 끝장내고 싶어 한다는 점에 있다. 오늘날 우리는 민주주의 제도와 전통이 많은 사람의 생각만큼 강력하지는 않기 때문에 민주주의를 적극적으로 지켜야 한다는 것을 알고 있다. 실제로 거짓말은 민주주의를 충분히 파괴할 수 있다.

이 책의 목적은 왜 20세기 파시스트들이 단순하고 혐오스럽기까지 한 거짓말들을 진실로 여겼는지, 그리고 왜 다른 사람들은 그 거짓말들을 믿었는지 이해하는 것이다. 역사적으로 거짓말은 비민주적 정치의 출발점이었다. 그리고 이는 파시즘의 희생자들에게 비참한 결과를 초래했다. 바로 이런 이유만으로도 거짓말의 역사는 현대의 정치폭력과 인종차별, 대량학살에 대한 역사학자들의 연구 주제에서 빼놓을 수 없다.

무솔리니에서 히틀러에 이르기까지 20세기의 대표적인 파시스트 지도자들은 거짓말을 그 자체로 진리의 화신이라고 여겼다. 이는 파시스트들의 권력과 대중주권, 그리고 역사에 대한 관념의 핵심을 차지한다. 진짜와 거짓이 구별할 수 없이 대체된 세계는 미신의 논리에 기반을 두고 있다.[11] 파시즘에서는 미신에 가까운 믿음들이 실제 사실을 대체한다. 지금도 가짜뉴스들이 실증적이고 경험적인 사실들을 더 많이 대체하고 있는 것처럼 보인다. 사실을 가짜뉴스로 만들고, 사실을 부정하는 사람들 사이에서 비롯된 생각들이 정부의 정책이 되어버리는 상황에서,

우리는 '탈진실'에 관한 최근의 흐름이 정치적으로나 지적으로 '파시스트 거짓말의 역사'라는 분명한 계보를 가지고 있음을 명심해야 한다.

1

파시스트의
거짓말들

"나는 그 완전한 거짓말쟁이들의 얼굴에 주먹을 날렸다. 목격자들은 잠깐 나를 인정하더니 또 다른 거짓말을 조작해냈다. 나는 그들을 믿지 않았지만, 감히 무시할 수도 없었다."

호르헤 루이스 보르헤스

가장 유명한 파시스트 선전가인 나치 선전상 요제프 괴벨스^{Paul}

Joseph Goebbels는 종종 거짓말을 반복하는 것이야말로 나치즘의 핵

심이라고 말한 것으로 잘못 인용된다. 이런 잘못된 인용은 파시

즘이 자신들의 의도적 거짓의 심각성을 제대로 의식하고 있었

다는 이미지를 형성했다.[1] 과연 속임수가 파시즘의 핵심일까?

거짓말하는 이들은 자신들의 거짓말을 진짜라고 믿을까? 아니

면 거짓임을 인지하고 있을까? 히틀러는 모든 것을 알고 있다

고 괴벨스가 말했을 때, 또 히틀러는 "신성한 운명의 천부적인

창조적 도구"라고 했을 때, 실제로 괴벨스는 현실에 기반한 지

식의 개념을 가지고 있었을까?[2]

이 문제는 복잡하다. 실제로 괴벨스는 자신에 대한 암살 기도 관련 사건을 날조한 다음 뉴스로 내보내게 하고는 자신의 일기에 사실인 것처럼 '공표'했다. 대중에게 공개하기 위해 쓴 게 아니라 그의 사후 여러 해가 지난 뒤에야 출판될 이 일기에서, 그는 자신이 통제하고 있던 언론들이 찬양한 자기 연설들의 '성공'을 기록해 두었다.[3] 괴벨스는 스스로를 속인 것일까? 아니면 경험적이고 사실적인 증명을 초월하는 자기만의 진실의 형태를 믿었던 것일까? 그는 새로운 현실을 조작해 내고 싶었던 것일까? 물론 현실에 근거한 관점에서 보면 거짓말을 만들어 내는 것과 진리로부터 빠져나가 마법 같은 생각을 믿는 것 사이에는 별 차이가 없다. 괴벨스는 대체 현실을 만들어 냄으로써 자기 자신에게 거짓말을 했지만 그를 포함한 대부분의 초국가적 파시스트들이 그렇게 발명된 가짜 현실을 실제로 믿었던 것은 아니다.

괴벨스와 같은 파시스트들에게 지식은 믿음의 문제였고 특히 파시스트 지도자의 신화에 대한 독실한 믿음이 중요했다. 사실의 조작이나 발명은 파시즘의 핵심적 기반이었지만 사실을 초월한 진실에 대한 믿음 역시 그만큼 중요했다. 파시스트들은 진실과 선전 사이에 모순이 있다고 생각하지 않았다. 괴벨스는 선전을 "거짓말이나 왜곡을 일삼는 게 아니라, '사람들의 영혼'에 귀를 기울이고 '그 사람이 이해할 수 있는 언어로 말하는' 기술"

이라고 정의했다. 역사학자 리처드 에반스 $^{Richard\ Evans}$ 가 관찰한 것처럼, "나치는 히틀러를 통해 자신들만이 독일 영혼에 대한 내적 지식과 이해를 지니고 있다는 전제하에 행동했다."[4] 영혼으로부터 우러나오는 진리라는 생각은, 확증될 수 없는 절대적이고 확실한 것에 대한 믿음의 행동에 대한 결과였다.

아돌프 히틀러가 거대한 거짓말과 거대한 진실에 관해 이야기했을 때, 이는 진실과 거짓의 세계를 뒤엎으려는 그의 과업에 대한 불길한 징후였다. 히틀러는 자신의 인종차별적 이론에 반하는 사실들은 거짓으로 여겼다. 그의 세계관은 경험적으로 증명할 필요가 없는 진리라는 개념 위에 있었다. 즉, 대부분의 우리가 진리라고 여기는 것 $^{입증\ 가능한\ 인과관계의\ 결과}$ 이 그에게는 잠재적으로 거짓일 수 있었다. 대부분의 우리가 거짓이나 꾸며낸 사실이라고 여기는 것이 그에게는 더 우월한 형태의 진리였다. 오늘날 포퓰리스트 언론들이 주장하는 것처럼 히틀러는 자신이 아니라 유대인들이 거짓말쟁이라고 주장하면서 자신의 진실에 대한 가식을 적에게 투사 $^{投射,\ projection}$ 해 현실을 뒤집었다. 이 파시스트 사기꾼은 마치 자신이 진실을 대변하는 것처럼 행동했다. 그는 유대인들이 '진실에 대한 무시무시한 왜곡'을 일삼고 있다며 비난했다. 그러나 히틀러는 자신이 믿고 전파한 반유대주의 신화는 실제 진실로 간주했다.

거짓과 비방의 가능성에 관한 이 진리를 가장 잘 알아볼 수 있는 사람들은 언제나 유대인이었다. 왜냐하면, 그들의 존재 자체가 종교 공동체라는 거대한 거짓말, 즉 실제로는 하나의 종족이라는 거짓말에 근거하고 있기 때문이다! 얼마나 대단한 인종인가! 인류의 가장 위대한 지성 중 한 명이 이들을 영원히 진리일 핵심 문구를 통해 영구적으로 고정시켰다. 바로 그들을 '거짓말의 대가'라고 부른 것이다. 그리고 이를 인정하지 않거나 믿지 않으려는 자는 누구라도 이 세상에서 결코 진실이 승리하는 데 도움을 주지 못할 것이다.[5]

1930년대와 1940년대에 히틀러와 아르헨티나를 비롯한 수많은 나라의 파시스트들은 반유대주의 신화에 진실이 구현되어 있다고 생각했다. 독일의 유대인 철학자 에른스트 카시러Ernst Cassirer가 '계획에 따른 신화'라고 부른 것이었다.[6] 파시스트들은 새로운 현실을 공상한 다음 실제 현실로 바꿔버렸다. 그들은 미신과 현실 사이의 경계를 다시 그렸다. 신화는 인종차별주의자들이 믿는 거짓에 따라 세계를 재편하려는 여러 정책을 통해 현실을 대체했다. 유대인들은 선천적으로 더럽고 전염성이 강하기 때문에 죽여야 한다는 반유대주의자들의 거짓말을 뒷받침하기 위해, 나치는 게토와 강제수용소에 그런 더러움과 만연한 질병이 현실이 될 수 있도록 환경을 조성했다. 굶주리고 고문당하고 철저히 인간성을 박탈당한 유대인 수감자들은 나치가 계획한 그대로의 존재가 되었고 그에 따라 죽임을 당했다.

파시스트들은 실제 세계와 일치하지 않는 진리를 찾기 위해 은유를 현실로 만드는 데 의지했다. 파시스트들의 이데올로기적 사기에는 진실이랄 게 없었지만, 그럼에도 그들의 추종자들은 이런 거짓을 충분히 현실로 만들고 싶어 했다. 그들은 오히려 자신들이 보았음에도 마음에 들지 않는 것은 진리가 아니라고 생각했다. 무솔리니는 파시즘의 핵심과제가 민주주의 체제라는 거짓말을 거부하는 것이라고 주장했다. 그는 또한 파시즘의 진실로 민주주의라는 거짓말에 대응했다. 이런 육화肉化의 원리는 민주주의라는 '거짓'과 파시스트의 '진실'이라는 무솔리니의 신화적 대립의 핵심이었다. 그는 민주적 상식을 초월한 진리의 형태를 믿었는데 왜냐하면 그것이 초월적이기 때문이었다. 그는 회상했다. "내 인생의 어떤 순간에 나는 대중들에게 인기가 없어질 위험을 무릅써가면서 내가 새로운 진리, 거룩한 진실[la verita santa]이라고 생각하는 것을 알려주었다."[7]

무솔리니에게 있어서 현실은 신화의 명령을 따라야 하는 것이었다. 안타깝지만 사람들이 처음에 확신을 갖지 못한다면 그들의 불신은 무너져야 했다. 파시즘의 신화적 틀은 국가에 대한 파시스트 신화에 뿌리를 두고 있었다. 그는 이 신화를, "완벽한 현실로 바꾸려 한다"고 선언했다. 신화는 현실을 바꿀 수 있었다. 하지만 현실은 신화에 걸림돌이 될 수 없었다. 파시즘의 이 신성한 진리는 파시스트의 진실과 적의 가짜 본성 사이에

묘한 경계를 설정함으로써 같은 것으로 정의되었고 그 반대쪽에는 적의 거짓말이 있었다. 유럽 전역에서 사람들은 볼셰비즘Bolshevism이라는 '러시아 신화에 대한 집착'에 매료되었지만, 무솔리니는 이런 경쟁 신화들이 극단적인 민족주의에 뿌리를 둔 절대적 진리와 대립한다는 점과 신화와 동일시한 자신의 지도력에 반대한다는 점에서 거짓이라고 여겼다.[8] 그는 이런 신화에 대해, "우리는 나머지 모든 것을 종속시킨다"고 말했다.[9]

파시스트들은 이 신화를 현대화하면서 신화를 개인적 믿음의 문제에서 정치적 정체성의 전형으로 바꿔놓았다. 이 재구성 과정에서 진정한 정치란, 그것이 정치에 적용되었을 때 이성이라는 교묘한 계략을 극복하고 고대의 폭력적 내면의 자아를 투사하는 것이었다. 이런 활동을 통해 그들은 자신의 이념적 목표와 가정假定, 욕망에 부합하는 것이라면 무엇이든 참된 것으로 규정할 수 있었다.

이런 파시즘의 신화적 차원은 반민주적이었다. 민주주의는 역사적으로 거짓, 잘못된 믿음, 잘못된 정보와 같은 것들에 반대되는 개념으로서의 진실에 기초를 두고 있었다.[10] 하지만 이와는 대조적으로 파시스트들은 독재정권을 통해 과격한 진리의 개념을 제시했다. 역사학자 로버트 팩스턴Robert Paxton이 설명한 것처럼, 파시스트들에게는, "새로운 파시스트들이 다른 이들을 지배할 수 있도록 해주는 것이라면 무엇이든 진실이었고, 선택된 사람들이 승리할 수 있도록 해주는 것이라면 역시 무엇이든 진실이었다. 파시즘은 그 교리의 진리에 의존하는 것이 아니라 민족의 역사적 숙명과 지도자의 신비로운 결합, 즉 민족의 역사적 번영과 개인의 예술적 혹은 영적 천재성과 관련된 낭만주의 사상에 의존하고 있었다. 그러나 파시즘은 낭만주의가 고양하려는 자유로운 개인의 창조성은 부정했다."[11]

파시스트들이 국민, 국가, 그리고 지도자를 은유적으로 통합한 것은 신화를 진리의 궁극적 형태의 진실로 여겼기 때문이었다. 그러나 이미 수많은 정치적 선례가 있었다. 파시즘의 진실과 거짓의 이 기묘한 지위는 진실과 정치 사이의 오랜 역사 속에서 반복되어 왔다. 철학자 한나 아렌트 Hannah Arendt는, 만약 정치의 역사가 항상 진실과의 팽팽한 긴장 관계를 보여주는 것이라면, 이 긴장에 대한 파시스트들의 해결방식은 정치의 파괴를 의미한다고 말한다. 조직화 된 거짓말은 파시즘의 특징이다. 지도부가 정해준 사실그리고 거짓말만이 진실로 받아들여질 수 있다.

다른 현실을 알린다는 명분으로 진실을 왜곡하는 일은 파시즘 역사에서는 흔히 볼 수 있는 현상이다. 스페인의 파시스트 독재자 프란시스코 프랑코 Francisco Franco는 자신이 저지른 가장 큰 전쟁범죄 중 하나인 게르니카 Guernica에서 수백 명의 목숨을 앗아간 끔찍한 폭격에 자신은 관여한 바가 없다고 주장한 것으로 유명하다. 게르니카에서의 폭격은 파시스트 정부에서조차 확실하게 기록된 행동이었지만, 프랑코는 '빨갱이'들이 자신에 대한 거짓말과 '선전 선동'을 퍼뜨리기 위해 게르니카를 '파괴'한 것이라고 주장했다.[12] 그렇게 함으로써 그는 거짓말은 자신이 아니라 자신의 정치적 적들이 하고 있다고 주장하며 바로 그 진실이라는 개념을 끌어들였다.

같은 맥락에서 나치도 관찰 가능한 사실과 이데올로기적으로 만들어 낸 '진실'을 구분하지 않았다. "대중 지도자가 자신들의 거짓말에 진짜 현실을 짜 맞출 힘을 장악할 때" 전체주의 독재의 가장 과격한 결과가 나타났다.[13] 몇 년 후에, 한나 아렌트는 논란을 낳은 아돌프 아이히만Adolf Eichmann에 대한 연구에서 '사실 자체에 대한 극단적인 경멸'이라는 현상을 전형적으로 보여준 홀로코스트의 한 설계자의 논리에 관해 중요한 연구를 제공했다. 아렌트는 아이히만이 거짓말에 동조한 것이 "아이히만의 사고방식에 뿌리 깊게 새겨진 것과 똑같은 자기기만, 거짓말, 어리석음 등에 의해 현실과 사실로부터 차폐된" 전체 사회와 다를 바 없다고 여겼다.[14]

아렌트는 아이히만의 재판에서 중요한 측면, 즉 피해자들이 제시한 진실에 대한 관점을 놓쳤다.[15] 또한 아렌트의 아이히만에 대한 묘사에는 아이히만의 깊은 이념적 헌신, 심지어 광신주의도 빠져 있다. 그는 죽는 순간에서조차 격식을 갖춰 다음과 같이 말했다. "독일 만세, 아르헨티나 만세, 오스트리아 만세. 나는 그들을 잊지 않을 것이다."[16] 아렌트는 아이히만이 죽음이 다가왔음을 느끼면서도 환희에 차서 말하던 이 순간을, '그로테스크한 어리석음'으로 표현했다. 그러나 아렌트에게 이런 현실은 그 이데올로기적 이해보다는 그 순간에 대한 정형화된 표현으로 다가왔다. 아렌트는 아이히만의 마지막 말을 악의 진부함과 '클리셰Cliché'로 규정했다. 다른 역사학자들은 이 유언을 포함해 더 넓게는 그의 나치에서의 과거와 범죄가, 나치즘의 본질적 이념의 진실에 대해 아이히만이 얼마나 깊이 헌신했는가를 보여주는 결과임을 강조하고 싶어 했다.[17] 아이히만은 자신의 삶과 죽음을 베를린에서 부에노스아이레스로, 또 부에노스아이레스에서 예루살렘으로 대서양을 가로지르며 여러 도시를 유랑한 것 이상의 유산으로 받아들였다.

아이히만이 예루살렘에서 정의의 심판을 받기 오래전에, 아르헨티나의 소설가 호르헤 루이스 보르헤스Jorge Luis Borges는 1946년 부에노스아이레스에서 출판한 소설에서 이와 비슷한 나치의 죽음을 이미 상상했다. 나치의 패배 이후, 보르헤스가 만들어 낸 가상의 킬러 오토 디트리히 주르 린데Otto Dietrich zur Linde는 파시즘의 의미와 과거 그리고 현재를 회상한다. 주르 린데는 전쟁의 숭고한 순간을 살았지만, 그에게 결정적 진실이 완전히 드러난 것은 패배의 순간이었다 ; "행복한 전쟁의 위대한 낮과 밤 속에, 우리가 숨 쉬는 바로 그 공기 속에 사랑과 다르지 않은 느낌이 있었다. 갑자기 바다가 가까이 있는 것처럼, 어떤 환희와 경이로움으로 피가 끓었다." 그러나 이런 격앙된 분위기에서는 진리를 찾을 수 없었다. 나치 자신들도 승리의 숭고한 순간 속에서가 아니라 패배의 '배설물'로부터 사실적 설명을 초월하는 진실을 발견했다.

나는 분노의 잔을 비우고 있다고 생각했지만, 그 배설물로부터 예상치 못한 맛과 마주쳤다. 신비로운, 행복의 거의 끔찍한 맛이었다. 몇 가지 설명을 써봤지만, 어느 것도 적절하지 않았다. 나는 생각했다. 나는 패배에 기뻐하고 있구나. 나 스스로는 비밀스럽게 나 자신이 유죄임을 알고 있으니. 그리고 단죄만이 나를 구원할 수 있다는 것을 알고 있으니. 나는 생각했다. 나는 패배에 기뻐하고 있구나. 이제는 모든 게 끝났고 나는 아주 피곤하기에. 나는 생각했다. 나는 패배에 기뻐하고 있구나. 패배하게 되었기 때문에, 이것이 과거와 현재 그리고 앞으로 일어날 일까지 모든 것과 돌이킬 수 없이 연결되어 있기 때문에, 하나의 실제 사건을 비난하거나 개탄하는 것은 우주를 모독하는 것이기 때문에. 나는 이런 변명들을 늘어놓다가 진정한 의미를 찾게 되었다.

사실과 살아 숨 쉬는 경험들을 폐기한 다음, 주르 린데는 계속해서 진실을 나치의 신념과 동일시했다. 타르노비츠 Tarnowitz 강제수용소의 부소장이었던 주르 린데에게 파시즘에 대한 진정한 '의미'는 폭력에 대한 헌신을 긍정하는 데 있었다. 이는 지구상에 '천국'을 건설할 수 있다는, 확증이 필요 없는 믿음이었다. "세상은 유대교 때문에 죽어가고 있다. 예수를 믿는 유대교라는 질병으로 죽어가고 있다. 우리는 이 진실을 폭력과 칼에 대한 믿음으로 가르쳤다."[18]

보르헤스가 이 장의 서문 역할을 하는 인용문에서 장난스럽게 제시한 것처럼, 거짓말은 있는 그대로 인지해야 하지만 그 거짓말들이 불러일으키는 폭력행위를 분석할 때 우리가 그 거짓말들을 무시하기란 쉽지 않다. 보르헤스의 상상 속 나치 화자話者처럼, 아이히만이 예루살렘에서 스스로를 속이고 있음이 분명했을지라도 파시스트들은 자신들의 행동을 그렇게 설명하지도 않았고 그렇게 실천하지도 않았다. 파시스트들이 역사에서 신화적인 용어로 자신들의 역할을 이해하는 방식은 역사적 설명을 요구한다. 아렌트는 애초에 왜 파시스트들이 거짓말들을 믿었는지에 대한 분석 없이, 전체주의 체제 안에서 그들의 거짓말이 맡은 역할과 기능에 대해 지적하는 데만 열중했다. 아렌트는 그들의 동기에 대한 이성적 근거에는 관심이 없었다. 아렌트는, "전체주의 통치의 이상적인 주체들은 신념에 찬 나치나 공산주의자가 아니라 사실과 허구^{즉, 경험적 현실}, 진실과 거짓^{즉, 생각의 표준}의 구분이 더는 존재하지 않는 사람들"이라고 주장했다.[19] 그러나 이 '이상적인' 주체들만큼이나 중요하게, 나는 이 책에서 확신을 가진 사람들에 초점을 맞추고 있다. 다시 말해 아렌트는 이상적인 유형을 다뤘고, 나는 파시즘의 역사에 대한 내 주장을 경험적으로 뒷받침해 줄 구체적이고 역사적으로 기록된 실제 인물들을 살펴보고 있다. 파시즘을 연구하는 역사학자들은 또한 파시스트들이 어떻게 자신들의 거짓말을 정당화했는지도 이해할 필요가 있다.

왜 파시스트들은 자신들의 거짓말을 진실이라고 믿었을까? 당시 많은 반反파시스트가 지적했듯이, 독재정권의 파시스트 역사는 거짓말 위에서 세워졌다. 파시스트들이 현실로 내세우는 신화적 상상은 과거와 현재의 완전한 지배라는 환상에 기반하고 있기에 결코 확증될 수 없다. 그래서 이 책은 파시즘의 거짓말에 대한 역사를 보여준다.

2

파시즘 역사에서
진실과 신화

1945년, 한나 아렌트는 파시즘이 절대적인 거짓말이며 끔찍한 정치적 효과를 가진 거짓말임을 발표했다. 파시스트들은 의도적으로 거짓말을 진실로 바꾸었다. 아렌트는, "현실과 진실을 혼동하는 오래된 서양의Occidental 편견을 악용했다는 것이 본질"이라며 "이전까지는 누가 봐도 거짓이었던 것들을 '진실'로 만들었다."고 썼다.

아렌트에게 현실은 변화무쌍하고 변덕이 심한 것이었지만 진실은 그런 게 아니었다. 그녀에게는 파시스트와의 어떤 논쟁도 무의미했다. 사실, 파시스트들은 자신의 '거짓말'에 '현실의 사후적 근거'를 부여함으로써 진실을 숨기는 것이 아니라 효과적으

로 파괴했다. 아렌트가 보기에, 이런 형태의 이데올로기 정치
는 우리가 알고 있는 사실들을 말살시키는 결과로 이어질 수밖
에 없었다. 파시스트들의 거짓말은 현실을 대체하는 다른 현실
을 만들어냈다. 그러나 아렌트는 파시스트들이 단순한 거짓말
보다는 스스로 초월적 진실이라고 이해한 것에 대한 믿음으로
진리의 파괴를 촉진했다고 생각했다.[1] 아렌트가 단순히 파시스
트들을 모욕한 것은 아니었다. 그녀와 마찬가지로, 동시대의 수
많은 반파시스트가 왜 그렇게 많은 사람이 파시스트 이데올로
기를 유일한 진리로 받아들이고 설득되었는지 알고 싶었다. 분
명히, 잘 알려진 몇몇 파시스트들은 이념을 프로파간다의 도구
로 여긴 위선자이자 거짓말쟁이들이었다. 그러나 만약 그렇다면
왜, 그리고 어떻게 그들의 가장 중요한 지도자들과 수많은 추종
자가 대의명분을 위해 죽는 날까지 이 거짓말들과 선전을 끝까
지 믿고 따랐을까? 거짓말 때문에 죽는 사람이 어디에 있단 말
인가?

파시즘은 단순하고 위선적인 거짓말이 아니라 위아래에서 모
두 살아 숨 쉬며 신뢰받는 경험이었다. 파시스트의 핵심을 내면
화함으로써 파시스트로서의 정체성을 창조하는 것은 공식적인
것부터 자발적인 사례까지 복합적 의미를 담고 있었고,[2] 수많은
추종자가 있었다. 파시즘에서는 허구가 현실을 대체하고 그 자
신이 현실이 되었다. 믿지 않는 이들에게 이러한 파시스트적 환

상은 정치의 본질에 대한 허구적 주장이자 틀린 입장으로 간주될 수밖에 없었다. 파시스트들에게는 그 반대가 사실이었다.

주목할 만한 것은 1922년부터 1945년 사이에, 파시즘에서 초월적 진리의 비합리적 성격과 정치에서 무의식이 갖는 관련성에 대해 파시스트와 반파시스트들의 특별한 합의가 이루어졌다는 점이다. 파시스트들에게 무의식프로이트, 아도르노 등이 자아의 가장 비합리적인 차원, 즉 의식할 수 없는 부분을 표현하기 위해 사용한 복잡한 용어은 자신들이 의식화하려는 것의 전⁣의식적 내면을 암시적으로 보여주는 것일 뿐이었다.

프로이트Sigmund Freud나 일반적인 정신분석가들과는 달리, 파시스트들은 자아를 진리의 원천, 파시즘이 끌어내서 정치적 현실로 둔갑시킬 의식 이전의 상태라는 개념으로 발전시켰다. 앞으로 살펴보겠지만, 파시스트들뿐 아니라 다른 많은 이들도 종종 이 자아의 개념을 자신들이 국가를 초월해 전 세계를 횡단하는 무의식적인 정치적 명령의 주요 해석자임을 강조하기 위해 사용했다. 파시즘에서 무의식으로부터 의식으로의 이행은 초월적 진리가 마침내 드러나는 순간을 상징했다.

역사적 측면에서 보면 파시즘은 민족일국 단위운동과 체제를 가지고 글로벌 단위로 영향을 끼치는 이데올로기로 정의할 수 있다. 파시즘은 유럽 안팎에서 초국가적 현상이었다. 현대의 반혁명적 형태인 파시즘은 극단적 국가주의^{국수주의}이며 반자유주의였고 반마르크스주의였다. 간단히 말해 파시즘은 단순한 반동^{反動}이 아니었다. 파시즘의 주된 목표는, 위에서부터 현대적 독재 체제를 구축하기 위해 내부의 민주주의를 파괴하는 것이었다.

파시즘은 자본주의와 민주적 대의제의 위기로 인한 동시다발적 산물이었다. 초국적 파시스트들은 다원주의와 시민 사회가 침묵하고 공과 사, 국가와 시민 사이의 구분이 점점 사라지는 전체주의 국가를 표방했다. 파시스트 체제에서 독립언론은 폐쇄되고 법치는 완전히 파괴되었다.

파시즘은 지도자를 민중과 국가와 유기적으로 연결된 존재라고 생각하는 신성하고 메시아적이며 카리스마 넘치는 형태의 리더십을 옹호했다. 그들은 국민주권이 독재자에게 전적으로 위임된 것으로 간주했다. 독재자는 국민공동체의 이름으로 행동했고 국민이 진정으로 원하는 게 무엇인지를 국민보다 더 잘 알고 있다고 여겨졌다. 파시스트들은 역사와 경험에 기반한 진리의 개념들을 정치적 신화로 대체했다. 그들은 적들을 국가와 국민에 대한 실존적 위협으로 간주했으며 가장 먼저 박해하고 추방하거나 제거해야 할 존재라고 생각하는 극단적 개념을 품고 있었다. 파시즘은 과격한 정치폭력과 전쟁을 지속해서 늘려나감으로써 새롭고 획기적인 세계질서를 창출하고자 했다. 글로벌 이데올로기로서의 파시즘은 서로 다른 나라에서 각자의 맥락에 맞게 끊임없이 재구성되고 국가별로 끊임없이 변형되었다.

파시즘은 공식적으로는 1919년 이탈리아에서 창설됐지만, 그것과 궤를 같이하는 정치 형태는 전 세계에서 동시다발적으로 나타났다. 일본에서부터 독일과 브라질에 이르기까지, 아르헨티나에서부터 인도와 프랑스까지, 파시즘이 표방하는 반민주적이고 폭력적이며 인종차별적인 우파 혁명은 여러 다른 이름으로 다른 나라들에서 채택되었다 ; 독일의 나치즘Nazism, 아르헨티나의 나시오날리즘nacionalismo, 브라질의 인테그랄리즘integralismo 등이 대표적이다. 파시즘은 심지어 무솔리니가 파시즘Fascismo이라는 단어를 사용하기 전부터 초국가적 개념이었지만 1922년 파시즘이 이탈리아의 정권을 잡고 나자 이 단어는 세계적인 주목을 받게 되었고 나라마다 그 지역적 맥락에 따라 다른 의미를 획득했다. 그렇다고 이탈리아혹은 프랑스나 나중에 독일의 영향력이 초국가적 파시스트들에게 중요하지 않았다는 뜻은 아니다.

파시스트들은 다양한 단기 전략들을 세계 곳곳의 오랜 기본적 선입견들과 결합했다. 이 결합은 일상생활의 정치로부터 교리dogma로의 불가능한 전환에 기반하고 있었다. 전 세계의 파시스트 해설자들은 파시스트의 실천전략과 이상이론 사이의 종종 긴장된 관계를 분명하게 표현해야 했다. 신, 인종, 민족, 제국, 그리고 신화적 과거에 대한 관념은 끊임없이 동남아시아, 유럽, 중동, 그리고 라틴아메리카의 매우 다른 현실의 특수성에 맞게 개조되었다. 인도와 중동에서 파시스트 사상은 탈식민주의의 권위주의적 변형을 다시 생각하게 만들 목적으로 사용되었고, 일본에서는 제국의 근대성을 재고하는 데 활용되었다. 탈식민 이후 라틴아메리카의 공화주의 속에서 파시즘은 종종 공화주의 이전의 스페인 제국과의 연속성을 가진 것처럼 보였지만, 한편으로는 권위주의적 형태로 반제국주의를 발전시키는 주요한 방법으로 사용되었다. 무엇보다 파시즘은 과격한 형태의 정치적 주체성을 발전시켰다. 파시즘의 내적 의미는 신성한 기반의 차원에서 파시스트 매트릭스*를 대표했다. 무의식적이고 전前이성적인 직관에 대한 이런 개념은 파시스트의 세계와 구체적인 사상을 하나로 묶어주는 '파시스트적 느낌', 파시스트의 이상에 대한 순수성을 표현했다.

파시즘은 대중에게 주권이 있다는 근대적 사상을 바탕으로 공식화되었지만, 이때의 대중주권에서 정치적 대표성은 제거되고 권력은 국민의 이름으로 행동하는 독재자에게 전적으로 위임되었다. 신화적 사상은 파시즘적 질서를 정당화했고 초월적 진리

----

* Matrix는, '기본적인 형태나 구조'를 뜻하며, 여기에서는 파시즘의 본질이나 기반을 구성하는 원리나 요소들을 말한다.

로 간주되었다.[3]

권력, 신화, 진실을 하나로 연결하는 파시즘의 방식은 완전히 새로운 것은 아니었다. 비판적인 반파시스트들의 입장에서 보면, 파시즘은 오랫동안 이어져 온 비합리적 전통을 따르면서 변형하고 있었다. 예리한 관찰자들은 낭만주의의 중요한 전통이 파시스트들의 진리 개념, 즉 자아의 안팎에서 나타나는 '실재'의 배경으로 기능한다는 점에 주목했다. 놀랍게도, 양차 세계대전 사이에 아르헨티나 작가 보르헤스Jorge Luis Borges는 파시즘의 지적 선구자로 스코틀랜드의 역사가이자 풍자가, 진보주의의 적이었던 토머스 칼라일Thomas Carlyle의 작품에 관심을 기울였다. 보르헤스에게 칼라일은 '악몽의 몽상가'였다. 칼라일은 동시대 사람들이 오해했지만, 그러나 이제는 단 하나이자 꽤 알려진 단어인 나치즘으로 정리할 수 있는 '정치 이론'을 제안했다. 이 파시즘의 계보학은 '영웅들이 노골적인 군사력과 나쁜 말로 하층 subaltern 인류를 지배하며 불굴의 반신반인으로서 존재하는' 세계를 시사했다.[4]

보르헤스는 유럽 작가들과 철학자들의 이 특이한 공헌을 강조한 반면, 자신이 속해있는 라틴아메리카의 맥락에서 파시즘의 지적 계보를 수렴하는 일에는 소홀했다. 라틴아메리카 낭만주의의 탁월한 형식을 발명한,『아리엘』을 쓴 우루과이 작가 호세 엔리케 로도 José Enrique Rodó 의 자유주의에 관한 비판적 저술과 당시 아르헨티나의 가장 유명한 작가였던 레오폴도 루고네스 Leopoldo Lugones 의 초기 작품에서 우리는 자아로부터 비롯된, 아름다움과 질서에 대한 직관이 스며있는 진리의 개념을 발견하게 된다.

이전 라틴아메리카의 낭만주의 전통은 외부 세계의 모순에 의문을 제기하면서 공개적으로 반대 의사를 밝힐 수 있는 자율적 자아의 구성과 자유주의 사이의 연관성을 강조해 왔다. 로도와 루고네스는 모두 이런 모순을 현대 자유민주주의와 동일시했다. 일찍이 개인주의와 민주주의에 반대하는 사상가들은, 실증주의자인 오퀴스트 콩트 Auguste Comte 부터 반계몽주의자이자 반동주의였던 조제프 드 메스트르 Joseph de Maistre 에 이르기까지 정치에 절대적 진리가 필요하다는 생각을 고안했다.[5] 로도와 루고네스도 그 뒤를 따랐다.

기존 민주주의에 대한 거부는 고전 그리스로의 복귀라는 이 작가들의 신화적 요구 한복판에 있었다. 로도와 초창기 루고네스에게 그가 파시스트로 전향한 1920년대 이전 사회주의와 자유주의적 보수 단계에 있던 시절 라틴아메리카 대륙의 고전적 유산이랄 수 있는 근본적인 지적 계보를 따르는 것은, 라틴아메리카 국가들이 근대 유럽과 미국을 우회하여 넘어서게 해주었다. 양차 세계대전 사이에 파시스트로서, 루고네스는 아르헨티나와 라틴아메리카에 대한 이러한 관점으로 돌아가려 했다. 그는 자신의 나라와 대륙을 이성과 근대성의 기본원칙에 의문을 제기하는 고전적 신화의 소산이라고 생각했다. 그에게 신화로의 회귀는, 나중에 그가 '진정한 창조'라고 부른 독재정권의 탄생을 예고하는 것이었다.[6]

루고네스 같은 파시스트들이 파시스트 독재를 위한 그들의 현대적 도구로 신화적 과거를 창조한 반면, 보르헤스는 대서양을 통해 서로 연결된 다른 많은 반파시스트와 함께 반계몽주의 사상 속에서 파시즘의 기원에 대한 보다 비판적이고 역사적인 이해를 공유했다. 1934년에 호르크하이머는 "진실을 권력에 종속시키는 경향이 파시즘에서 처음으로 나타난 것은 아니다"라고 주장했다. 비합리주의는 "근대의 모든 역사 속에 만연해있고 그것은 이성의 개념을 제한한다."[7] 마찬가지로, 제2차 세계대전 말기에 에른스트 카시러는 "진실은 권력 안에 있다"는 생각이 헤겔까지 거슬러 올라가며 "파시즘이라는 명확하고도 무자비한 프로그램"으로 나타났음을 강조했다.[8] 이 반파시스트 작가들에게 있어 파시즘은 비이성적 신화의 전통에 대한 조짐이었고^{호르크하이머}, 그것이 가진 참신함은 끔찍한 효과를 양산하고 자연의 흐름에 충격을 주는 '기교'^{카시러}였다. 한나 아렌트도 보르헤스와 마찬가지로, 파시스트들의 권력에 대한 사상이 이론적으로나 실천적으로 인간성을 박탈하는 새로운 방식으로 이어진다고 강조했다. 이런 일이 가능했던 이유는, 파시즘이 서로 다른 관점이나 견해를 가진 사람들이 모두 동등하게 자신의 해석을 제시할 수 있다는 해석의 평등에 반대했기 때문이었다. 파시즘은 진실을 말하기 위한 유일한 기준으로서 보편적으로 공유되는 이성이라는 개념을 거부했다. 파시즘은 무엇이 정치적으로 진실인지에 대한 최후이자 궁극적 원천이 되는 다양한 신화적 계보를 확립했다. 파시즘은 정치에서 진실과 거짓의 구분을 모호하게 만들었다. 파시즘은 국수주의적이면서 동시에 절대적인 '진리'를 생산했다. 다원적 의미가 배제된 진실은, 어떤 반대 의견도 허용하지 않으며 위계적 권력관계만 존재하는 배타적이고 독점적인 결과로 이어졌다.

파시스트들은 진리에 대한 이성적 정의에 의문을 제기함으로써, 진리의 숨겨진 의미를 주장했다. 그들에게 진리는 권력을 통해, 그리고 권력 안에서 드러나는 비밀이었다. 파시즘에서 권력은 완전히 초월적인 지위를 획득했다. 파시스트들에게 강력하고 폭력적이며 영향력을 갖는 것은 그 자체로 진실이었고 합법이었다. 그것은 국가와 국민에 대한 초역사적이고 보편적이며 신화적인 경향의 표현이었기 때문이었다. 이것들을 모두 아우르는 살아있는 신화로서, 지도자는 이러한 경향을 권력으로 구현했다. 폭력과 파괴, 그리고 정복을 통한 신화의 긍정으로부터 비롯된 바로 그 권력으로 말이다.

결과적으로 파시스트들의 정치는 신화가 되었다. 파시즘에서는 진실의 궁극적 형태가 경험적 증거를 통한 확증이 아니라, 오히려 역사를 초월해 어디서나 보편적으로 인정받는 신화의 표현으로 여겨졌던 관념에 대한 직관적 긍정으로부터 비롯되는 것이었다. 지도자는 이런 신화들을 구현했다. 현실에 대한 정치적 분석의 괴리는 그들이 이성을 초월한 정치적 진정성의 궁극적 형태를 추구한 결과로써 숙명적인 전개였다. 이런 의미에서 파시스트들은 단순히 거짓말을 하는 것이 아니라 자기 기만적 존재들이었다. 파시스트들은 1951년 아도르노^{Theodor Wiesengrund Adorno}가 말한 것처럼, '거짓'이라는 '주문'에 빠졌다. 아도르노는, "파시즘에 내재한 전쟁의 지속적 위험은 파멸을 부를 것이고 대중들 역시 적어도 무의식적으로는 이를 인식하고 있다. 그러므로 파시즘은 아무리 그 가짜 신화가 이데올로기적으로 비이성적인 것을 합리화하고 있다 하더라도 자신들의 비이성적 힘을 언급할 때 전적으로 거짓말만 하는 것은 아니었다."라고 설명했다.[9]

마찬가지로 아렌트에게 있어 전체주의 이데올로기는 현실에서 일부 요소를 가져오긴 했으나 실증적으로는 맹목으로 이끄는 것이었다. 역사적으로 이런 이데올로기의 작동은 현실과 환상을 혼동하게 했다. 거짓에 대한 믿음은 전체주의의 추종자들, 특히 엘리트들에 대한 교육의 일부였으며 '이데올로기적 거짓'을 '신성불가침의 진실'로 만들었다.[10]

하지만 파시스트들이 단지 지도자의 목소리라는 이유만으로 그들의 거짓말을 믿었을까? 아니라면 차라리 그 거짓말들이 내면에서 우러나오는 더 참다운 진실의 형태라고 여긴 걸까? 파시스트들에게는 이 두 가지 가능성이 모순되는 것이 아니었다. 여기에 파시스트들의 진리 개념에 대한 이데올로기적 특성이 숨어있다. 파시스트들은 우선 집단적 무의식에 뿌리를 둔 초월적인 신화와 진리를 동일시한 다음에 지도자의 의식에 의해, 또 지도자의 의식을 통해서만 그것을 구체적으로 실현했다. 무의식의 외재화外在化, 이른바 '아웃팅outing*'에 대한 이 믿음이 파시스트들에게는 핵심이었다. 파시즘에서는 집단의 욕망이 지도자의 말과 몸 안에 존재한다고 생각했다. 지도자는 진정으로 무의식적이라 여겨지던 것들을 의식화하여 진정성 있고 진실한 것으로 만들어야 했다.

---

* 일반적으로 숨겨진 것을 드러낸다는 의미. 파시즘에서의 'outing'은 무의식적 욕구나 생각을 외부로 드러내는 것을 말하는데 이는 파시스트 지도자들이 집단적 욕구를 대변하는 것으로 이어져 파시즘 국가의 건설에 중요한 역할을 했다.

3

파시즘의
화신

파시즘은 이성을 초월한 진리의 개념을 제안했고, 이는 지도자의 신화로 구현되었다. 이 신화는 말 그대로 지도자의 몸에 체화되었다. 파시스트들에게 육화肉化란 표상의 반대였다. 파시스트들이 보기에 일반적 개념들이 이성에 기초해 풀이되는 과정을 내포하는 한, 언어는 내적 감정의 실체를 나타낼 수 없었다. 자기 성찰적 생각이나 표현된 언어가 아니라 이미지나 행동만이 이런 감정을 구체화하고 실천으로 옮길 수 있도록 해주는 것이었다. 파시스트들에게 이는 정치에 있어서 파시즘이 갖는 진정성의 정수였다. 그들은 무엇보다도 이성의 정반대 편에 서 있었고, 그들 스스로 신화에 확고하게 뿌리를 두고 있다고 믿었다. 파시즘의 기원은 '이성의 냉정한 공식'을 통해서는 이해할 수 없는 것이었다. 파시즘은 '논리적이지도, 이론적이지도' 않았다. 그것은 하나의 '본능적 반응'이었다.[1] 파시즘은 현실을 바꿔치기하여 현실을 만들어 내는 반복되는 환상이었다. 이런 희한한 의미에서 파시즘은 하나의 지적 혁명이었다. 파시스트 혁명은 욕망의 본능적 힘을 정치 영역에서 객관화하고 실현하려는 시도였다. 인식론적 차원에서 이러한 시도는 파시즘이 인본주의적인 인식을 끊임없이 거부하도록 만들었다.

파시즘은 성찰적 힘보다 직관의 힘을 더 강조했다. 여기에는 전 세계적 규모의 문명 변혁이라는 개념이 핵심이었다. 파시즘은 스스로를 자유주의라 불리는 상투적 야만성에 반대하는 초국가적 이데올로기로 여겼다. 이탈리아 사상가 크로체Crocean의 영향력 있는 파시즘에 대한 개념, 즉 파시즘이 국가의 역사나 전통 혹은 문화와는 관련 없는 일시적 현상이라는 개념과는 대조적으로 파시스트들은 자신들의 전통이 개인의 영혼에 뿌리 박은 특정한 국가적 자아로부터 발생하는 것이라고 정의했다.[2] 이런 맥락에서 오직 파시즘만이 유일하게 국가주의의 진정한 직관적 본성을 대표할 수 있고, 반면 자유주의는 국가를 관념적으로만 상상하는 인위적 형태로 여겼다.

그들은 이런 생각을 지도자의 몸에 내재한 국가, 그리고 지도자의 신성한 육화라는 개념을 통해 보여주었다. 역사학자 도미니크 라카프라Dominick LaCapra가 주장한 것처럼, 이 개념은 신학적으로 '신성이 세상에서 완전히 구현될 수 있다는 생각'처럼 깊은 종교적 배경을 갖고 있었다.[3] 심지어 지도자는 죽은 뒤에도 마치 그가 세상의 신성을 육화한 것처럼 그렇게 다른 사람의 육체 속에 깃들어 생명을 이어갔다. 그의 말은 언제나 진리로 남았다. 루마니아의 파시스트 지도자 호리아 시마Horia Sima는 1940년에 암살된 루마니아 지도자 코르넬리우 코드레아누Corneliu Codreanu에 대해 "우리 혈통의 가장 위대한 지도자의 사상과 의지"는 새로운 인간과 진정한 엘리트, "그리고 천국의 신성한 태양과도 같은 나라"를 실현하도록 도와줄 것이라고 말했다. 그의 말씀은 "우리를 향한 경애하는 지도자의 무한한 사랑의 횃불이었다. 그의 말씀들은 루마니아 혈통에는 수 세기 동안 법이다. 우리가 그의 영혼 속에서 성장하기를 원하기 때문에 그의 말씀은 변함없이 남아있다. 루마니아의 하늘이 우리의 영혼을 어둠으로 덮지 않는 한 지도자는 죽을 수 없다. 그분은 우리 안에 계시며, 우리 안에서 살아가신다."[4]

지도자를 초월적 인물로 받아들이는 것은 국가공동체를 위한 단결된 의지와 더 높은 복종을 반영했다.[5] 지도자는 이러한 집단적 의지를 이상적으로 표현했다. '의례'에 참여함으로써 개인은 자신의 삶을 유기적으로 조직화했다. '신화'에 대한, 그리고 운동과 정당과 국가의 위계에 대한 개인의 복종은 새로운 현실을 창조하기 위한 연계 사슬 속에 개인의 역할도 있음을 넌지시 보여주었고 이런 새로운 현실은 세계를 신화의 이데올로기적 필요에 따라 개조시켰다. 파시스트 지식인 카밀로 펠리지Camillo Pellizzi가 보기에, 새로운 세계를 창조하려는 이 파시스트들의 시도에는 거의 무의식에 가까운 차원이 존재했다.[6]

현실뿐만 아니라 과거 역시 이데올로기적 필요에 따라 바뀌어야 했다. 과거는 절대적 진실의 논리로 다시 씌어야만 했다. 멕시코 파시스트 호세 바스콘셀로스Jose Vasconcelos는 아르헨티나 파시스트들의 역사와 정치에 대해 말했다. "아르헨티나에서는 스페인과 가톨릭 민족주의 운동이 전개되고 있다. … 그들은 아르헨티나의 역사를 거꾸로, 즉 '진실'에 따라 자유주의의 모든 거짓을 바로잡으며 다시 쓰고 있다."[7] 파시스트 역사관은 종종 역사를 갈등과 논쟁의 현장으로 인식했고, 깨부순 다음 바로잡아야 할 교정의 대상으로 여겼다.[8] 그들이 말하는 적과 역사적 사건들이란 파시스트의 무의식에서 비롯된 것이며 그것이 지도자를 통해 구현되는 것이었기에 국가의 가능성을 정말로 보여주는 것은 아니었다는 점에서 실질적이고 본질적인 대상은 아니었다.

피상적인 수준에서는 파시즘도 역사에 속했다. 파시스트 작가 볼트Volt가 꾸준히 주장한 것처럼, '역사적 사실'로서의 파시즘은 다른 정치적 형성 과정과 다르지 않았다. 파시즘 역시 사실과 법, 제도의 사슬 안에서 일어난 역사적 사건이었다. 사실 파시즘은 정치적 연대기 안에 있지만 좀 더 깊은 수준에서, 즉 사상으로서의 파시즘은 '반反역사적'이었다. 파시즘은 시간이 지남에 따라 변화한다는 사실의 논리를 거부했다. 이런 의미에서 볼트는 파시즘이 역사적인 것은 아니라고 주장했다. 역사가 일종의 이야기라면 파시즘은 원칙이었다. 파시스트들의 임무는 이원칙을 변화하는 상황에 따라 적용하는 것이었다. 그들은 역사적 서술에 파시즘적 원칙을 강요하고자 했다. 볼트는 "원칙으로서의 파시스트의 진리는 불변이며 영원하다."라고 썼다.[9] 이 불변의 진리는 내적 인식의 절대적 형태로 존재했다. "파시즘에는 … 절대자가 존재한다 … 절대자가 존재를 정당화하고 행위를 신성하게 한다."[10]

진실이란 이데올로기, 특히 지도자의 사상을 진정성 있게 표현한 것일 뿐이었다. 지도자에게 육화된 신화적 진실이란 개념은 확실히 유럽만의 것이 아닌 초국가적 파시즘의 표시였다. 1934년, 페루 파시스트들은 '당의 최고 지도자'인 루이스 플로레스 Luis Flores가 "대다수 시민의 욕망과 사회적, 경제적 열망을 완전히 파악했다"고 말하면서, "이러한 열망은 페루 노동자들의 진정한 민족주의적 영혼 속에 각인되었고 … 가장 순수한 국수주의의 높은 원칙 속에 깃들어 있다"고 했다.[11] 진정성이란 증명의 결과가 아니라 신성한 본질을 긍정하는 것을 의미했다.

인도에서, 인도-무슬림 파시스트 이나야툴라 칸 마슈리키^{Inayatullah} Khan al-Mashriqi는 자신의 지도력으로만 밝힐 수 있는 우월한 진리의 형태를 제안했다. "코란은 이 장엄한 우주의 모든 구석구석을 볼 수 있는 사람, 자연의 신비로움에 대한 높은 경지의 지식을 습득한 사람, 장엄한 학문의 높이에 고양된 사람, 하늘과 별보다 높은 경지의 궁극적 현실을 향한 원대한 전망을 가진 사람, 저급한 논리의 소소한 기술에 흔들리지 않고 절대적 진리의 완성을 추구하는 사람만이 종합할 수 있는 것이다."[12]

육화^{肉化}는 궁극적 진리를 얻기 위한 수단이었다. 지도자와 그 추종자들은 역사적이고 신화적인 인물을 구현해야 했다. 일본 파시스트들이 포퓰리즘적 주제와 호소력을 역사를 초월한 '코쿠타이^{kokutai}'*라는 개념과 결합해 과거 제국주의적 '복원'을 상상했다면, 이집트 파시스트들은 자신들을 파라오 시대의 이집트 전통과 연결했다.[13]

일본에서 천황은 가부장적 인물을 대표했고, 파시스트들은 이 군주와 국민 사이의 직접적 연결을 방해하는 의회 제도를 뿌리

---

* 일본어로 국체(國體)를 뜻하는 독특한 그들만의 국가 정체성이다.

뽑고 싶어 했다. 과거와 현재 사이의 이 신화적 연결의 전체주의적인 구현은 자연스럽게 진실에 뿌리를 두고 있었다. 신화에 따르면 수천 년 동안 건재했던 국민과 국가는 제국주의 제도 안에서 하나가 되었다. 한 일본 파시스트는 이렇게 말했다. "일본과 일본인의 경우, 전체주의는 무모한 말에 지나지 않는 게 아니라 처음으로 현실에서 구현되었다."[14]

이집트에서는 1935년 그린 셔츠the Green Shirts의 파시스트 지도자 아흐마드 후세인Ahmad Husayn이 다음과 같이 주장했다. "자연은 우리에게 지배자와 피지배자 사이에는 어떤 합의도 있을 수 없다는 걸 가르친다. 강자와 약자 사이에도 마찬가지다. 합의란 오직 투쟁과 갈등을 통해서만 이루어질 수 있다. 정복자가 가치 있는 것은 계속 살아남았기 때문이다. 정복당한 자는 약하기 때문에 멸종된다."[15] 신격화된 지도자 속에서 파시스트들은 사실을 초월한 진리를 보았지만 한편 그들은 더욱 고양된 진리를 만들어내기 위해 사실을 조작하기도 했다. 그것은 신의 계시라는 형태를 띤 이데올로기적 진리였다. 만약 영원히 참된 것을 구현한 존재가 지도자라면, 이를 비판하는 사람들은 모두 거짓말쟁이라고 파시스트들은 결론지었고 그들을 진리의 적으로 간주했다.

4

그들은
진실의 적인가?

히틀러의 유명한 글이 있다. "그러므로 나는 오늘 내가 전지전능하신 창조주의 뜻에 따라 행동하고 있음을 믿는다. 유대인에 맞서 나를 지킴으로써 나는 주님의 역사를 위해 투쟁 중이다."[1] 자신들의 행동을 신의 열망에 대한 실천적 결과로 여긴 나치 사상은 히틀러가 거짓이라고 주장하는 적들에 대한 날조와 박해, 그리고 말살이라는 결과로 이어졌다. 마찬가지로 아르헨티나의 성직자 파시스트 지식인들은 반유대주의 거짓말을 성스러운 것의 영원한 진리와 연결했다. 또 그들은 유대인 종족주의라는 가짜 개념을 믿었고 널리 알렸다. 히틀러와 다를 바 없이, 그들은 이런 거짓말의 진실성을 기독교적 진리의 발현이라고 단언했다.

히틀러는 나치의 살아있는 신이 되어 기독교 교회와 피할 수 없는 충돌의 길로 접어들었다. 라틴아메리카에서는 지도자가 신을 대체하지는 못했다. 거기서는 공식 종교와 파시즘의 성스러운 진리 사이의 관계가 훨씬 조화로웠다. 파시스트들에게 초월적 진리로서의 가톨릭을 인정하기 위해서는 반유대주의의 거짓말을 확실히 인정하는 게 필요했다. 그들은 유대인들을 통해 인류의 역사를 초월한 투쟁의 생생한 증거를 확인했다.

호세 바스콘셀로스^{José Vasconcelos}는 아마도 멕시코혁명의 가장 중요한 지식인이었을 것이다. 그는 유대인들의 '은폐된 계획'을 '진리의 빛'으로 드러내는 데 반대했다.[2] 그가 유럽과 인도의 유산을 통합한 '범우주적 인종'을 제안한 것은 유명하다. 그는 마침내 멕시코 국립대학인 멕시코 국립자치대학^{UNAM}의 총장이 되었고 이후 교육부 장관이 되었다가 1929년 대통령 선거에서 패배한 후 망명길에 올랐다. 특히 아르헨티나에서 지내는 동안 그는 우파로 전향했고 라틴아메리카인들이 자신들의 선천적 유산을 받아들이는 것은 자살 행위라고 맹렬히 비난했다. 히스패닉과 지중해 국가, 그리고 가톨릭의 유산만이 라틴아메리카의 정체성을 규정할 수 있었다. 1933년에 아르헨티나에서 그는 "멕시코혁명은 완전한 쓰레기^{cochinada- 스페인어로 역겨운 오물}"라고 선언했다. 그는 1930년대 후반에 파시즘을 받아들였는데 이는 멕시코적 맥락에서 혁명의 가장 세속적 차원을 거부하는 것을 의미하기도

했다.[3]

바스콘셀로스는 다른 아르헨티나 동료들과 마찬가지로, 희한한 성직자 파시스트가 되었다. 그는 유대인들이 기독교 문명을 파괴하기 위해 거짓말을 이용하려 한다고 믿었다. 이성과 역사는 그에 대한 해답을 주지 못할 것이었고 진실은 어딘가 다른 곳에서 발견될 것이었다. 멕시코의 파시스트 페르난도 데 유즈카디Fernando de Euzcadi는 바스콘셀로스의 파시스트 잡지 '티몬Timon'에 실린 기사에서, "우리는 이성이라는 곡예에 속아 넘어갔다. 그리고 그렇게 더욱 가치 있는 감정을 포기해 버린 우리의 비겁함에 대해 정당성을 찾으려고 역사의 위험한 경사면*을 미끄러지듯 통과했다."고 주장했다. 감정이야말로 "우리의 양심을 가둔, 우리 삶의 진정한 독재자"인 유대인들의 음모를 드러낼 수 있을 것이었다. 그에 따르면, 유대인들의 모든 행동은 말과 행동이 서로 물고 물리면서 끊임없이 서로를 꾸며대는 연극처럼 온통 거짓이었다."[4]

멕시코의 파시스트들처럼, 히틀러도 자신만의 프로파간다에 대한 믿음을 가지고 자신의 행동즉, 거짓을 퍼뜨리는을 유대인들에게 투

----

* 어려운 결정을 내리고 그 결과에 책임을 져야 하는 역사적 상황을 나타내며, 그 결정이 잘못되면 더 큰 위험에 빠질 수 있음을 의미한다.

영했다.[*] 히틀러는 유대인들을 최고의 선전·선동 전문가들로 묘사했다. '유대인'들은 '거짓말의 대가들'이었다.[5] 마찬가지로 아르헨티나의 파시스트들은 반유대주의적 환상과 편집증^{망상, 집착, 피}^{해망상}을 정당화하기 위해 신을 들먹였다. 이는 그들이 아르헨티나와 전 세계 유대인의 삶에 대한 거짓말을 퍼트리는 것으로 이어졌다. 필리포 신부^{Virgilio Filippo}는 유대인들이 아르헨티나를 자신들과 같은 모델로 만들려 한다는 거짓 주장을 펼쳤고, 마인비엘레 신부^{Julio Meinvielle}는 유대인들이 정복 의지를 갖고 있다는 누명을 씌우면서 유대인들에 대한 아르헨티나의 투쟁은 '세계 정복'을 향한 '성서 속 민족'의 초역사적 투쟁과 연결되어 있다고 주장했다. 마인비엘레 신부는 '유대인과 기독교인의 혼합'에 대한 위험한 특징들에 관해 말했고, 필리포 신부는 끊임없이 유대인들의 그 인종적 순수성에 집착하는 침략적 '인종'의 영향력을 제한할 필요가 있다고 직설적으로 경고했다.

히틀러와 달리, 아르헨티나 파시스트들은 그들의 궁극적 지도자가 예수 그리스도라고 믿었다.[6] 하지만 또 히틀러와 마찬가지로, 필리포 신부를 비롯한 많은 이들은 그들의 인종적 편견을 희생자들의 탓으로 돌리고 유대인들이 자신들의 인종적 순수성을 지키기 위한 '인종 예방'에만 관심이 있다고 주장했다. 필

---

[*] 즉, 자신이 퍼뜨린 거짓말과 비인간적 행동을 유대인들의 행동으로 만들어 냈다는 의미

리포 신부는 유대인과의 싸움이 '유대인의 인종차별주의'를 드러내는 것을 의미한다고 믿었다. 이러한 주장은 종교적 반유대주의에 대한 전통적인 반대 이유들은 대단치 않게 생각한 반면, "유대인들이 가장 먼저 종교공동체를 구성했다는 것은 사실이 아니다. 그들은 인종일 뿐이다."라는 더 높은 차원의 인종적 진실을 제시했다.[7] 당시의 통념에 따라 필리포 신부는 어떤 특정한 생리적 특징을 통해 유대인의 신체를 알아볼 수 있다고 가정했다. 유대인에 대한 그의 고정관념은 다른 많은 유럽인이 가진 고정관념과 일치했다.[8] 전 세계의 파시스트와 반유대주의자들에게 반유대주의는 국경을 넘어 공유되었고 각각의 나라에 맞게 변형된 인종차별적 허상의 레퍼토리가 되어 일종의 문화적 코드로 작용했다. 파시스트들은 이 거짓과 편견의 목록을 활용해 이해하기 어려워 보이는 것들의 행간을 읽어냈고, 자신들이 더 높은 진리라고 믿는 것들을 고수함으로써 세계의 복잡성을 단순하게 만들었다. 역사학자 사이먼 레비스 설람Simon Levis Sullam이 설명했듯, 파시스트들은 거짓과 허구의 '반유대주의 자료실'에 의존했다. 그들은 단 한마디만으로도 세계의 복잡성을 축소해 버리는 단순한 인종차별적 설명을 통해 자신들과 다른 사람을 선명하게 구분했고 이 인종차별적 설명은 맥락에 따라 얼마든지 재구성될 수 있는 것이었다.[9]

아르헨티나에는 필리포 신부의 반유대주의적 상상력과 그에게 영향을 준 유럽의 고정관념을 구분 짓는 한 가지 특별한 문제가 있었는데, 바로 그의 고정관념이 아르헨티나 유대인들만의 독특한 상상의 역사와 연관되어 있었다는 것이다. 아르헨티나 반유대주의 행동Accion Antijudia Arginia과 같은 다른 파시스트 그룹과 함께, 그는 유대인들의 침략에 대한 의심스러운 연대기를 제시했는데 이는 식민지 시대로 거슬러 올라가는 유대인들의 '침략'에 대한 가짜 계보였다.[10] 그러나 필리포 신부는 아르헨티나 반유대주의의 계보를 식민지 시대가 아니라 사르미엔토Domingo Faustino Sarmiento, 19세기 말 아르헨티나의 대통령의 시대에서 추적했다. 사르미엔토는 아르헨티나 자유주의의 아버지이자 여전히 근대 아르헨티나의 핵심 설계자로 여겨지고 있기에 필리포 신부와 같은 반자유주의자가 이런 연관성을 제기한 것은 무척 당황스럽다. 필리포 신부는 자신의 반유대주의를 정당화하기 위해 사르미엔토의 유산을 가로 챈 것이었다. 사르미엔토는 악랄한 반유대주의자가 아니었음에도, 유명한 19세기 대통령의 생각을 왜곡해 그의 인기를 악용하려던 필리포에게 그런 사실은 별로 중요하지 않았다.[11]

파시스트들은 거짓을 더 거대한 진실로 바꾸기 위해 오래된 혹은 새 친구들에게 새로운 역할을 부여하는 데 망설임이 없었다.[12] 인종차별주의자들의 거짓말에는 차별, 배제, 그리고 마침내 제거라는 직접적 목표와 동기가 있었다. 반유대주의적인 거짓말은 누구나 예측할 수 있는 분명한 결과를 가져왔다.[13] 파시스트들은 자신들의 행동에 대해서는 거짓말에 근거해 해명했지만, 인종을 말살시키겠다는 약속에서만큼은 거짓말하지 않았다. 그들은 자신들이 말한 것을 진심으로 믿었다. 아르헨티나 파시스트들이 꾸준히 주장한 것처럼, 유대인은 민중의 적이었다. 그들은 완전히 제거되어야 할 운명이었다. "이 오징어들을 박멸하는 것은 우리 조국을 위해 얼마나 큰 경의를 표하는 일인가!"[14]

1945년에 아도르노가 설명한 것처럼 파시즘은 극단적인 고문, 박해, 학살로까지 이어졌지만 그럼에도 파시스트들 외에는 그들의 말을 곧이곧대로 받아들이는 사람이 거의 없었다. 파시스트의 거짓말과 파괴의 약속이 정말로 효과를 발휘하리라고 생각한 사람은 거의 없었다. 아도르노는 이렇게 썼다. "파시스트들의 행동은 너무나 믿기 어려운 것이었기에, 사람들은 소중한 평화를 위해 믿고 싶지 않은 것은 믿지 않으면서 동시에 쉽게 굴복하게 되었다." 파시스트 거짓말의 정치적 효과는 거짓을 현실로 만드는 사람들의 무의식적 편향에 의해 더욱 공고해졌다. 아도르노는, "계몽된 세계에서는, 모든 공포가 반드시 끔찍한 동화가 된다"라면서, "거짓임에도 무의식적으로 끌리는 이유는, 그것이 우리 무의식 속에서 열렬한 반응을 불러일으키는 핵심을 건드리기 때문이다. 그것은 단지 우리의 무의식이 끔찍한 일이 일어나길 바라기 때문만은 아니다. 파시즘은 적어도 우리 안의 어딘가 숨어있을 지배의 원리를 공개적으로 선포한다

는 점에서 그 자체로는 덜 '이념적'이다."라고 말했다.[15]

파시스트 인종주의와 반유대주의는 영원한 진리를 거스르는 적을 끊임없이 찾아다닌 결과였다. 그들은 진리가 자아에서 비롯된 것으로 가장하기 위해 적을 만들 필요가 있었고 유대인들을 거짓의 살아있는 화신으로 규정할 필요가 있었다. 그들은 지도자를 진리의 소유자로 격상시키기 위해 이 적들을 반反화신으로 만들어 냈다.

유대인들은 파시즘의 오랜 적 리스트에 속해있었다. 독일에서 파시스트들이 유대인들을 주적으로 삼았다면, 안데스산맥의 페루 블랙셔츠들은 그들의 적대감을 아시아인들, 특히 일본계 이민자들을 향해 겨냥했다. 인도와 파키스탄에서 파시즘은 힌두교나 이슬람의 특징을 조금 받아들였다. 아르헨티나에서 파시스트들은 자신들의 운동이 신성한 진리라는 궁극적 증거로서, '기독교화된 파시즘'을 개발했다. 무솔리니와 아르헨티나, 일본, 브라질, 콜롬비아, 페루, 루마니아의 파시스트들은 스스로의 정체성을 정의함으로써 자신들의 적을 규정했다. 유대인을 비롯한 다른 적들은 파시스트가 아니었고, 파시스트가 아니라는 그 사실과 이유가 다시 실제 파시스트들은 누구인지 정의하는 데 사용됐다.

파시즘의 폭력과 그 동기가 된 절대적 진리에 대한 믿음은 최종 해결책의 근본적 계기가 되었지만 다른 대량학살의 역사에서도 나타났다. 역사학자 엔조 트라베르소Enzo Traverso의 주장처럼, 홀로코스트는 대량학살 이데올로기가 융합된 세계의 일부였다. ; "나치 독일의 친위대 산하 특수부대Einsatzgruppen의 야만적 폭력은 국가사회주의만의 특별한 특징이 아니었다. 오히려 그것은 국가사회주의가 끔찍한 20세기의 다른 많은 치명적인 이데올로기들과 얼마나 많은 공통점을 가졌는지 보여주는 지표였다."[16]

나치즘도 예외는 아니었고 오히려 폭력, 신화, 그리고 영원한 진리라는 환상이 결합한 가장 과격한 결과물이었다. 무솔리니에게 전쟁과 폭력은 정치적 지향과 개인 및 집단의 구원을 위한 원천이었다. 이 사건들 속에서 무솔리니는 자신만의 폭력적 욕망의 진실을 보았다. 스페인 파시스트들은 정의와 인권에 뿌리를 둔 '성스러운 폭력'에 대해 이야기했다. 이집트 블루셔츠의 좌우명은, '복종과 투쟁al-t.ā'a wa al-jihād'이었고 이런 사상은 그들의 선서에도 반영되었다. ; "나는 전능하신 하나님과 나의 명예와 조국을 위해 싸우는 충직하고 순종적인 군인이 될 것이며, 나의 원칙을 왜곡하거나 내가 속한 조직에 해를 가하는 것이라면 무엇이든 멀리할 것을 맹세합니다." 중동에서 멀리 떨어진 중국의 블루셔츠도 모든 정적을 향해 폭력을 행해야 한다고 단언했다 ; "피를 흘리겠다는 결심이 있어야 한다. 즉, 민중의 적을 박멸하기 위한 전례 없는 미증유의 폭력이 필수적이다."

콜롬비아 파시스트 레오파드 Leopards에 따르면, "아름답고 영웅적인 조국의 신화에 의해 환하게 밝혀진 폭력이야말로 미래의 위대한 투쟁에서 우리에게 유리한 대안을 만들어 줄 유일한 것이었다." 파시스트들은 폭력과 죽음을 자신들의 급진적 쇄신과 연결했다. 그들에게 폭력과 죽음은 인간의 진정한 의지를 드러내는 수단이었다. 예를 들어 루마니아 파시스트들은 폭력의 신성한 본성을 전사들의 희생적인 죽음, 재생, 구원의 개념과 연결했다. 그들에게는 '신이 원하신 것'처럼, '갱생의 싹은, 죽음과 고통으로서만 자랄 수 있었다.' 그 결과 루마니아 파시스트들은 '죽음을 사랑했다.' 죽음이야말로 '우리의 가장 소중한 결혼 상대'였다.[17]

전 세계의 파시스트들은 신성에 근거한 진리라는 개념을 공유했다. 경험적 확증이 필요 없고 신적 정의라는 관념과 겹치는 이러한 진리는 적법성을 논할 가치도 없게 만들었다. 칠레 파시스트들에게 폭력은 합법적 절차로 막을 수 있는 게 아니었고, 오히려 폭력은 좌파의 폭력에 대한 선제 대응이라는 의미에서 '합법'이었다.[18] 루마니아 파시스트들에게는, 반유대주의적 환상에 대한 믿음이 거의 모든 규범을 초월한 싸움으로 귀결되었다. "유대인의 지배가 우리를 정신적, 국가적 죽음으로 이끌고 있다는 인식" 이후에, "반역자에게는 죽음"만이 유일한 길이라는 것을 의심하는 사람은 거의 없었다.[19] 파시스트와 그들이 적을 파괴해야 할 필요성 사이에는 어떤 법적 메커니즘도 존재하지 않았고, 즉결 재판이라는 개념은 영원한 진리라는 관념에 의존했다. 파시즘의 메시아적 종교 관념은 그들이 상상한 대로 진실에 반대하는 적을 만들어 그 적들을 억압하고 마침내 제거해야 한다는 생각에 근거했다.

5

진실과 힘

'무솔리니는 언제나 옳다.'[1] 1922년부터 1945년까지, 이탈리아 파시스트들은 이 말이 안 되는 문장을 기도문 외우듯 반복했다. 그들은 무솔리니가 진리를 소유하고 있다고 믿었다.[2] 하지만 어떤 진리였을까? 어떻게 그 진리는 과거와 현재를 아우르고 미래로까지 자신을 투영할 수 있었을까? 이 질문에 대한 파시스트들의 대답은, 역사적이고 경험적인 것을 초월해 끊임없이 이어지는 연속체에 의존하는 파시즘만의 특징을 노골적으로 드러냈다. 당시 프로이트와 보르헤스 같은 비판적 사상가들이 언급한 것처럼, 이것이야말로 파시즘의 신화적 차원에서 핵심이었다.[3] 아도르노에 따르면, 파시즘의 발흥과 본성을 '예견한' 연구에서 프로이트는 영웅신화야말로 집단심리와 현실의 상상적 치환에서 중심에 있음을 간파했고 아도르노는 나중에 이를 자신의 파시즘 분석에도 적용했다. 프로이트는, "영웅신화의 허구는 영웅을 신격화할 때 절정에 달한다."라고 썼다.[4]

1933년, 프로이트는 매우 아이러니하게도 무솔리니를 영웅으로 추켜세우며 자신의 책 중 한 권에 서명해 건넸다. 지금도 많은 역사가가 그러는 것처럼, 무솔리니도 그 함축된 의미를 놓쳤다. 사실 프로이트는 영웅숭배를 현대 대중 정치의 맥락에서 바라보았기 때문에 매우 비판적이었다. 그에게 현대의 '영웅들'은 수직적 권위를 갖고 싶어 하는 사람들의 욕구를 충족시키고 조장하는 존재일 뿐이었다. 프로이트는 현대의 정치적 신화라는 형태로 원시적이고 권위적인 '아버지'가 귀환하는 것을 우려했다. 이 현대의 영웅들은 결국 완전한 지배로 이어질 때까지 자신들의 공격적 욕망에 대해 완전한 복종을 요구했다.[5]

아렌트가 지적한 것처럼, 나치 당원들의 첫 번째 서약서에는, "총통님은 언제나 옳다."는 선언이 포함돼 있었다. 히틀러 자신도, '무오류성'이 자신의 운동이 가진 우월성의 표시라고 말했다.[6] 실제로 많은 파시스트가 무솔리니나 히틀러의 무오류성을 신화적 이유를 들어 명확한 실재라고 믿었다. 지도자는 그리스와 로마의 인물 및 영웅과의 연속성을 대표하는 것으로 여겨졌다. 그들처럼 독재자도 국민의 사상과 가치관 및 역사, 즉 '시간과 공간'을 대표했다. 파시즘은 새로운 시대를 열었다. 그리고 지도자는 그 신기원을 열어젖힌 유일무이한 천재성을 지닌 것으로 여겨졌다.[7]

파시즘에서 믿음은 지도자에 대한 충성과 긴밀하게 연결되었다. 파시즘은 자신들의 지도자를 살아있는 신화로 보여주었다. 독일에서는 총통이 히틀러를 진리와 권위의 궁극적 원천으로 내세웠지만, 아르헨티나와 스페인 등지의 파시스트들은 지도자의 정치를 초월적이고 신화적인 진리와 동일시했다. 파시즘의 진리는 운동의 현실과 그 지도자를 영웅주의, 폭력, 그리고 종속이라는 신화적 과거와 연결했다. 파시스트 이데올로기에서 시대를 초월한 연속체로 의인화된 지도자는 국민 및 국가와 하나로 뭉쳐 단일 전선을 구축했다. 결국, 독재자는 오직 자기에게만 책임이 있는, 대중주권의 최종적 원천이었다. 히틀러는 이렇게 주장했다. "독일의 최고봉을 의인화한 자는 독일 국민으로부터 소명을 부여받았고 그 소명을 혼자서 해내야 할 의무가 있다!"[8]

파시스트들은 지도자의 무오류성에 집착했다. 오류가 없다는 것은 영웅적 지도자에게 깃든 신화적 이데올로기의 핵심적 신성의 진리를 반영하는 것이었기 때문이다. 스페인 파시스트 에르네스토 히메네스 카바예로 Ernesto Gimenez Caballero는 자신의 '파시즘의 일반 원리'에서 이러한 신화적 구현의 원리를 주요 요소로 삼았다. 칼라일의 역사관에서 이론적 근간을 찾았지만, 니체 Friedrich Nietzsche의 '새로운 타이탄*'과 소렐sorel의 혁명적 폭력 사상에서 더 중요한 것을 발견한 카바예로는 무솔리니와 히틀러가 '현재 세계의 역사' 속에서 영웅의 새로운 개념을 가장 잘 구현한 지도자들이라고 주장했다. 무솔리니는 이전의 영웅들과는 다른 존재였지만, 많은 영웅이 무솔리니의 어떤 면모를 공유하고 있었다. 무솔리니는 아킬레스, 카이사르, 샤를마뉴 대제, 샤를 5세 등과 같은 영웅이었지만, 그들은 모두 총통과 비교하면 불완전한 존재들이었다. 심지어 '나폴레옹은 실패한 무솔리니'였다. 카바예로는 무솔리니의 영웅성이 "그리스나 동양, 기독교나 르네상스, 또는 낭만주의의 영웅적 유형과는 다른 것"이라고 단언했다. 무솔리니는 이전 모든 영웅의 총합을 대표하면서도, 그것을 뛰어넘는 새로운 살아있는 신화가 되었다. ; "오늘날 무솔리니가 역사상 가장 새롭고 현재적인 영웅성을 구현하고 있다는 사실을 의심하는 사람은 아무도 없으며 그래서도 안 된다."[9]

초월주의에서 벗어난 원리, 부분적인 진실, 심지어 거짓에 기반

---

* '새로운 타이탄(new Titan)'은 니체의 저서 〈차라투스트라는 이렇게 말했다〉에 등장하는 개념으로 과거 전통적 영웅상과 달리 개인의 자유의지와 창조력을 중요시하는 새로운 형태의 영웅상을 제시한다. 이러한 개념은 니체 철학에서 중요한 역할을 하는데 이후 왜곡되어 근대적 독재자들의 영웅주의에 영향을 미쳤다.

을 둔 자유주의나 사회주의와는 다르게, 파시스트들은 신화적 전쟁영웅의 귀환을 갈망했다. 그들이 지도자에게 기대한 것도 바로 그런 것이었다. 루고네스가 아르헨티나 독재자 호세 장군[Jose F. Uriburu]에게 이렇게 말한 것처럼. "장군님, 대학 지식인들[박사들]의 말을 듣지 마십시오. 당신의 애국심과 군인 의식만으로도 충분합니다. 장군님은, 장군님답게 생각할 때 항상 옳습니다."[10] 마찬가지로, 스페인 파시스트 호세 미야 아스트라이[Jose Millan Astray] 장군도 군인으로서 프랑코는 "절대 틀리지 않는다"라고 단언했다.[11]

지도자들은 의심의 여지 없이 받아들여야 하는 진실에 대한 믿음, 그런 신앙심에 가까운 믿음을 보여주었다. 세상의 미래가 위태로웠다. 1935년에 부대원들은, "이 어둠과 불행의 시대, 사탄의 유혹이 가득한 시대에 자신에게 주어진 영광스러운 길을 벗어나지 않기 위해" 루마니아 파시스트 군단의 이른바 '십계명'을 지켜야만 했다. "그러면 비로소 모두가 알게 될 것이다. 바로 우리가 그 부대원이며 영원히 부대원으로 남게 될 것임을." 그 첫 번째 계명은 믿어서는 안 될 것이 무엇인지에 대한 핵심 주제를 다루고 있었다. ; "어떤 언론에서든 우리의 운동에 대한 소식이나 정보를 절대 믿지 말라. 심지어 그것이 국수주의자들[우리 편] 혹은 우리의 대리인이나 정직한 사람들에 의한 속삭임이라도 믿지 말라. 우리는 오직 지도자의 말과 그 명령만을 믿는다."[12]

한나 아렌트 같은 반파시스트들은 파시스트들이 단순히 사실을 무시했다고 여겼을 뿐이지만, 파시스트들 자신에게는 자신들의 진리가 감각적 혹은 경험적 세계를 초월한 것이라는 게 중요했다. 국가적 진정성의 이상적인 구현으로서, 지도자는 진정한 진리를 보여주었다. 하지만 자크 데리다Jackie Élie Derrida가 부에노스아이레스대학교의 '거짓에 대한 개념적 역사' 강의에서 설득력 있게 주장한 것처럼, 아렌트는 정치적 거짓말의 행위에서 무의식과 진실의 상태 사이에서 일어나는 역동적 상호작용을 충분히 고려하지 않았다. 데리다는 무의식의 논리와 거짓말 행위에서 수행성performativity 이론에 대해 더 많은 관심을 기울여야 한다고 강조했다. 반면 아렌트는, 데리다가 무의식의 유령적 차원이라고 정의한 거짓말의 환영적 측면을 언급하긴 했으나 더 발전시키지는 않았다.[13] 이러한 무의식을 향한 전체주의적 회귀는 신화의 부재, 즉 국가적 트라우마에 대한 갈망에 뿌리를 두고 있었다. 진리는 이 상상의, 그리고 실제적인 집단적 트라우마로부터 빠져나와 그 부재를 폭로하는 일과 연결되었다.[14]

여러 전체주의 텍스트천년 왕국, 아우구스투스 제국 로마, 파라오의 이집트, 중국 제국, 혹은 아르헨티나의 리오 데 라 플라타 총독부에서 자주 언급되는 것처럼, 신성한 과거로의 회귀는 진행 중이던 세속화 과정을 뒤집으려는 파시스트들의 시도를 의미했다. 독일 철학자 한스 블루멘베르크Hans Blumenberg가 말한 것처럼, 파시스트들은 이전에 종교가 수행하던 역할을 다시 차지했다기보다는 오히려 그들이야말로 진정한 종교를 이행하고 있다고 믿었다. 그들은 실제로, 성스러운 것들은 '이미 떠난 신들'의 흔적이며 다시 신들의 귀환으로 이어질 것이라는 하이데거 Martin Heidegger 의 견해에 동의했다.[15] 이것이 파시즘의 메시아적 측면이었다. 파시즘에서 이 흔적은 반유대주의를 통해 속죄하겠다는 개념과 실천 속에서 실현되었지만, 대부분의 파시즘에서는 이것이 정치적 폭력과 전쟁, 제국주의와 인종차별주의에 훨씬 더 광범위하게 퍼져있었다.[16]

파시즘에서 진리의 역할을 이해하기 위해서는, 파시즘 이론이 어떻게 그리고 왜 이성과 비이성 사이에 급진적인 경계를 설정했으며, 이 구분의 중심에 폭력을 두었는지를 고려하는 것이 중요하다. 파시스트들은 내적 진정성이 폭력, 희생, 그리고 죽음을 통해 구제되며 나타날 때라야 의미 있는 정치적 행위가 된다고 믿었다.

혁명에 반대하는 혁명은, 지도자에게 육화된 진리와 권력의 관계가 구원으로 이어질 것이라는 자기 설득의 결과였다. 스페인 파시스트 라미로 데 마에스투 Ramiro de Maeztu 는, "오랫동안 나는 이 모든 혼란과 동요의 시기가 결국 압도적인 반혁명 운동으로 이어질 것이라고 확신했다. 이것이 스페인을 구원할 것이다."라고 했다.[17] 스페인 파시스트들은 내전이 시작될 때 그리고 마에스투가 반파시스트의 손에 죽은 이후에 **"힘과 피, 그리고 순교는 진리를 위해 봉사하는 것이다."**라고 주장했다.[18] 같은 맥락에서 중국 파시스트들은 도덕성이 땅에 떨어진 뒤에는 권력만이 진실을 대변할 수 있다고 주장했다. ; "진실은 무력에 의해 철저히 파괴됐다. 그러므로 힘이 없다면 진실도 있을 수 없다."[19] 파시즘의 모든 부분에서 그랬듯, 여기서도 진리는 대의에 대한 개인의 복종이라는 방식으로 자아 내부로부터 나타났다. 진리에 대한 이런 전체주의적 관점은 진리를 보편적인 것으로 간주하지 않았다. 그 기준은 이데올로기적이었고 그 진리는 믿음에 기반한 것이었다. 그것은 신화에 숨겨진 영원한 지식을 스스로 발견하는 것에 뿌리를 두고 있었다.

나치 신화에 대한 가장 인종차별적 이론가였던 알프레트 로젠베르크 Alfred Rosenberg는, "오늘날 피의 신화라는 새로운 신앙이 깨어나고 있다. ; 피를 수호하는 것은 또한 보편적인 인간의 신성한 본성을 지키는 것이나 다름없다. 가장 밝은 지식으로 눈부시게 빛나는 북유럽의 피는 오래된 성스러운 의식들을 극복하고 대체한 신비로움을 상징한다." 이 신비로움에 대한 계시는 반유대주의적 거짓말로 왜곡된 과거를 해석하는, '역사 재검토'를 통해서만 완수될 수 있었다. 하지만 이는 로젠베르크에게, 의식의 르네상스^{부활}와 타자에 대한 파괴를 동등하게 결합한 길이었다. 신화에 대한 "완전한 의식을 갖추는 것"은 "모든 부활의 기초를 창출하는 길이다. 그것은 새로운 세계관, 새롭고도 오래된 국가관, 삶을 새롭게 이해하는 신화의 토대이며, 그것만으로도 우리는 모자란 인간들의 오만한 지배에서 벗어나 존재의 모든 측면에 스며들어 우리 자신의 인종적 특성에 부합하는 문화를 구축할 힘을 갖게 될 것이다."[20]

파시스트들은 어떤 이론이든 그것이 성스러운 것과 관련될 때라야 비로소 진리로 받아들였다. 아르헨티나, 이탈리아, 브라질, 스페인에서 그것은 고전적 신화나 기독교적 신화와 연결되었고 독일에서는 무엇보다 아리안 종족의 전설과 중심적으로 연결되어 있었다. 피와 흙에 대한 신화는 "의례에 따라 서로의 피를 마신 죽음의 부대"라는 루마니아 군단에 의해 기괴함의 극단으로 치달았다.[21] 그래서 율리우스 에볼라Julius Evola의 '혈통 신화the blood myth'라는 난해한 인종주의는 아마도 이탈리아보다는 독일이나 루마니아의 경우에 더 적합할 수 있었다.[22]

혈통 신화라는 환상은 국토, 도덕, 정의를 아우르는 정당화의 한 형태가 되었다. 정의가 지도자의 진실을 표현하고 창조하는 데 필수적이었던 것은 독일만의 문제는 아니었다. 하지만 독일에서는 더욱 이성적인 형태의 법률로 대체하기 위해 지도자의 진실이 최대치까지 사법적으로 구성되었다. 법적 진실은 지도자의 초월적 본성과 같은 것이었다. 히틀러가 자신을 '국가의 최고 심판관'으로 표현한 일은 유명하다.[23] 확실히, 1934년에 칼 슈미트 Carl Schmitt가 '가장 진정한 사법권'은 총통에 의해 구현된다고 주장했을 때 그가 진실하지 못했을 개연성은 크다. 하지만, 나치의 신화적 의미를 제대로 인식하고 공감한 나치즘의 후발 주자로서 슈미트는 히틀러가 '정의에 종속되지 않고' 대신 가장 높은 형태의 정의를 구성해 냈다고 말하면서 나치의 진리 개념을 완전히 이해하게 되었다.

슈미트의 주장처럼 총통의 사법적 특성은 민중의 권리 Volksrecht와 동일한 중요한 원천으로부터 나온 것이었기에 나치에게 히틀러는 궁극적 정의의 원천이었다.[24] 나치 독일에서 히틀러는 지도자이자 최고 심판관이었으며 나치 법무상 한스 프랑크 Hans Frank의 말처럼 유일한 입법자였다. 반파시스트 사상가 안토니오 그람시 Antonio Gramsci에 따르면 나치는 추상적인 보편 정의라는 개념에 근본적으로 의문을 제기했다. 그람시는 나치의 법 관념이 추종자들을 위한 '신앙의 조항'이 되어버렸다고 말했다.[25] 프랑크 자신에게도, 정의는 단지 히틀러가 해석한 민중의 요구를 따를 때만 유일하게 존재하는 것이었다. 히틀러의 의지, 즉 그의 신성한 리더십 안에서 만들어진 파시스트적 진리는 공식적으로 독일의 법이 되었다.

따라서 나치는 지도자가 그 자신의 행동과 욕망의 진실성을 스스로 결정한다는, 보다 확장된 파시스트의 혁명적 개념에 법적 지위를 부여했다. 국민과 국가 그 자체의 완전한 화신으로서, 파시스트 독재자는 법적, 도덕적 권리의 수혜자이자 또한 창시자였다. 히틀러는 한스 프랑크가 "제3제국*의 절대적 명령"이라고 부른 것의 상상 속 원천이었다. 한스 프랑크는 "만약 총통이 너의 행동을 알게 되었을 때 승인해 줄 만한 방식으로 행동하라."고 말했다. 아렌트가 지적했듯, 아이히만은 칸트 철학적으로 말하자면 '무의식적 왜곡Unconscious distortion'**과 유사한 방식으로 이 명령을 의식하고 있었을 것이다. 아렌트는 아이히만이 나중에 예루살렘에서 '국가에 의해 합법화된 범죄'라고 말한 것도 히틀러의 의지로부터 비롯된 것이었기에 합법적 근거가 있는 것으로 인식했으리라고 추측했다. 요약하면 나치에게 지도자는 이데올로기적 진리를 대표했기에 그대로 법이었고 그의 "말은 법적 힘을 갖는 것"이었다.[26]

지도자는 자신의 말을 통해, 진실을 대변하고 결정할 수 있는 조건을 만들었다. 브라질 파시스트들은 통합주의 행동 Integralista***과 그 이면에 숨겨진 사상으로서의 '통합주의 복음'을

- -

* 1933~1945년 사이, 히틀러 치하의 독일을 의미한다.

** 개인이 현실을 인식하고 해석하는 과정에서 일어나는 주관적인 왜곡 현상을 말한다.

*** 브라질 통합주의 행동으로 알려진 인테그랄리스타(Integralista) 운동은 1932년부

창조한 파시스트 지도자 플리니우 살가두[Plinio Salgado]의 목소리를 이해했다.[27] 살가두에게 자신의 신성한 리더십은 유럽의 고전 신화와 현대 라틴아메리카 신화의 연속을 상징했다. 그의 '볼리 바르주의 정치[*]'는 통합주의 방향으로 나아가는 라틴아메리카 에서, "정서적, 문화적, 경제적 통합"에 대한 국제적 감각이 더 욱 분명해지기를 희망했다. 살가두는 "우리는 라틴아메리카 역 대 최고의 세기에 살아가고 있다."면서, "'직관'의 세기. 그동안 싸워온 모든 선험주의[apriorisms]만큼이나 그 자신도 독단이 되어 버린 한 세기의 실험이 끝난 뒤에야 우리는 연역적 방법을 버리 지 않고도 동시에 귀납적 방법을 제공하는 시대의 문턱에 도착 했다."라고 썼다.[28]

마찬가지로 콜롬비아 레오파드의 파시스트 실비오 빌레가스 [Silvio Villegas]에게도 볼리바르는 반민주적 가능성의 영웅이자 이론 가였다. 빌레가스는, "볼리바르주의는 라틴아메리카 정신의 유 일하고도 불멸인 측면"이라고 주장했다. 그에게는 "오직 진실 만이 사상을 평가할 수단"이었다. 레오파드들은 루고네스를 인

터 1938년까지 브라질에서 활동했던 파시스트 운동이다. 이 운동은 브라질의 문화적, 인 종적 다양성을 거부하고 '브라질인'으로의 통합을 주장하다가 1938년 브라질 정부의 긴 급 조치로 해체되었다.

[*] 라틴아메리카의 해방자 시몬 볼리바르의 사상을 따르는 정치적 운동으로 1998년에 정 권을 잡은 베네수엘라의 우고 차베스가 정치적 이데올로기로 활용했다.

용하면서, 정치적 타락을 추악함 그리고 평등과 동일시했다. 콜롬비아 사람들도 자신들의 정치를 고대 그리스와 로마 제국의 '정신적 유산'에 기반을 둔 시대를 초월하는 아름다움의 개념과 동일시했다.[29] 살가두에게도 마찬가지로 라틴아메리카의 통합은 실용적 목표가 아니라 내면에서 우러나오는 '통합'에 대한 열망으로 이미 볼리바르가 구현했던 것이었다. 라틴아메리카는, "한 세기 이상 우리를 속여 온 정치적이고 문학적인 겉치레 아래 잠들어있던 전체적 무의식의 세계"였다.[30]

살가두만이 깊이 숨어있던 라틴아메리카의 흐름을 드러내고 그것을 구체화한 유일한 지도자는 아니었다. 루고네스도 아르헨티나가 중심이 되는 라틴아메리카 국가들의 "진정으로 자연스러운 연합"을 제안한 바 있었다. 그러나 살가두의 아틀란티스 신화나 볼리바르주의 화신론과는 달리, 루고네스는 라틴아메리카가 유럽과 차별화되는 것에 반대했다. 그에게 라틴아메리카가 되는 가장 좋은 방법은 '백인'이 되는 것이었다. 호세 우리부루Jose Felix Uriburu 군사정권이 등장하기 전에, 루고네스는 또한 무솔리니를 '로마로의 귀환'을 대표하는 신화적 인물로 보았다. 루고네스는 라틴아메리카에서 독재의 시작을 알린 자신의 유명한 호칭인 '칼의 시간'이, 진리와 권력의 유기적 통합을 위한 원초적 형태의 지배의 시간이라고 주장했다. 1930년의 쿠데타 이후, 독재자 호세 우리부루 장군의 목소리와 말은 집단 구원의 약속을 상징하는 유일한 프로그램으로써 종교의례처럼 받아들여졌다. 루고네스의 지적처럼, 호세 우리부루의 페르소나는 "국민과 군대"를 합한 것이었다. 인민의 적들이 민족의식을 반박하는 상황에서, 독재자는 민족의식의 화신이 되어 그것을 국민에게 보여주었다. 이것이 바로 파시스트들에게 있어 지도자만이 진실을 소유할 수 있는 이유였다.

6

계시록

이탈리아 파시스트들은 무솔리니가 그들에게 '영원한 진리'를 밝혀주었음을 강조했다.[1] 그들에게 무솔리니의 말은, 시대의 현실을 보여주는 것이었다. 파시스트들은 총통의 말을 통해 '인간의 영혼'을 이해할 수 있다고 믿었다. 그의 말은 '불굴의 의지'로 우뚝 솟은 시선을 통해 현실을 대변했다.[2] 이는 단순한 관점의 문제가 아니었다. 그의 목소리는 절대적이었다. 그것은 예술적인 것까지 포함한 모든 형태의 표현을 상징했다.[3]

무솔리니는 새로운 파시스트 세계의 근원이었다. 그는 '타의 추종을 불허하는 존재'였다. 파시스트의 노래들은 무솔리니의 독특함과 초월적 의미 부여를 강조했다. 그들은 그의 '말씀'이야말로 사람들을 동원할 수 있는 원천이라고 생각했다. 그는 심지어 죽은 자들에게도 빛을 비춰주었다. '운명'의 길은 그의 손에 달려 있었다. 파시스트 노래 〈독수리 부대The Legionary Eagle〉가 분명하게 보여주듯, 무솔리니는 '천재성, 믿음, 열정, 그리고 진리'의 화신이었다.[4]

이탈리아 파시스트들은 "무솔리니의 사상을 해설하여 파시스트 문명을 분석적으로 집대성해야 하는 어마어마한 과제"에 직면했다. 1939년 파시스트인 페데리코 포르니Federico Forni가 말한 것처럼, 파시즘은 "세계의 창조이며 대표"였다. 따라서 진리는 관찰될 뿐만 아니라 적극적으로 구성되기도 했다. 달리 말해 진리는 '만들어 가는 혁명[revoluzione in atto]'의 결과였다. 18세기부터 20세기 초까지의 '지식'이 '과학적'이었다면, 파시즘은 "파시즘이야말로 그 근본원리에 있어 불멸이며 영원"하다는 이유로, 과학적 검증 가능성을 폐기하고 정치적 인식에 대한 역사의 흐름을 사실상 바꿔버렸다. 가변적인 과학적 진리 개념과는 반대로, 포르니는 "파시즘은 증명이 아니라 믿음을 통해 그 현실을 받아들이는 신화적 운동이며, 파시즘이야말로 과학적이다. 믿음직한 진실은 증명된 진실을 압도한다."라고 주장했다.[5]

마찬가지로, 알프레트 로젠베르크Alfred Rosenberg는, "전체 진리에서 논리적인 부분은 비판적 인식으로 대변되는 이해와 이성이라는 도구를 사용한 조작의 결과다. 전체 진리의 직관적인 부분은 예술, 동화, 그리고 종교적 신화를 통해 드러난다."고 주장했다. 로젠베르크에게 인식이란 단지 그것이 '유기적 총합으로서의 진리에 봉사'할 때만 비로소 받아들여질 수 있는 것이었다. 실제로 이는 인종차별적 신화의 편에 서는 것을 의미했다. 인식은 "이 인종, 즉 민중의 내적 가치와 형상"을 강화하고 "더 의도적이며 생동감 있게 형상화할 때" 수용 가능한 진리로 전환될수 있었다. 신화적 직관과 인식의 통합으로 본 결과, "앎과 믿음사이의 원초적 갈등은, 비록 그것이 해결되지 않더라도 그 유기적 토대 위로 되돌아가 새로운 관찰이 가능해진다." 로젠베르크는, 신화가 없는 진리 개념에서 "하나의 '절대적이고 영원한 진리'를 찾는 것이 순전히 앎을 위한 일, 즉 기술적으로는 아니더라도 대충 이루어질 수 있는 일이라고 이해하는 것은 "근본적으로" 비뚤어진 것이라고 언급했다. 그는 그것이, "한 민족의 최종적 의지는 이미 그 최초의 종교적 신화 속에 담겨있기 때문에" 잘못된 것이라고 말했다. 그리고, "이 사실을 인식하는 것이야말로 인간이 얻을 수 있는 최후의 진짜 지혜"라고 했다.[6]

파시스트들은 신화와 경험적 관찰이 유기적으로 결합될 수 있다고 믿었지만, 본질적으로 신성한 진리가 경험적 관찰로부터 독립적으로 도출될 수 없다는 사실은 부정했다. 계시록은 민족의 영혼에 대한 정치적이며 신화적 탐구의 결과였다. 브라질 파시스트 살가두가 보기에, 브라질은 "그 토착적 에너지의 바닥에서부터 태곳적 신들의 단일한 계보와 심지어 초기 언어의 어휘적 뿌리의 정체성 속에서 자신을 드러내는 신비로운 시를 끌어오고 있었다." 라틴아메리카는 "낯선 빛의 목걸이처럼 가슴에는 적도 선을 끌어안고, 머리에는 왕관처럼 북회귀선을 놓고, 자궁에는 염소자리의 빛나는 벨트를 두르고, 내면의 신성을 간직한 채 잉카제국의 태양 숭배를 간직한, 태양의 대륙"이었다.[7]

마찬가지로 로젠베르크에게는, 지도자에게 인종에 기반해 '본능적'으로 복종하는 인민들은 새로운 정신의 시대를 상징했다. 그것은 "물질이라는 짐승 같은 힘에 대한 정신의 승리"였다. 파시즘이라는 세계에서, "믿고 복종하고 싸우라"는 무솔리니의 삼위일체는 정의의 실현을 의미했다. 1935년 파시즘의 대평의회가 에티오피아에 대한 제국주의 파시스트 전쟁에 대해 존경심을 담아 밝힌 것처럼, 그들은 "국가의 최고 권리에 대한 실현자로서 총통을 열렬히 칭송" 했다.[8]

파시즘에서는 지도자의 이데올로기가 진리였다. 1943년, 반파시스트 알렉상드르 쿠아레Alexandre Koyre는 이런 현상을 다음과 같이 해석했다 ; "전체주의 체제의 공식 철학은 모든 사람에게 유효한 단 하나의 객관적 진리가 존재한다는 생각을 터무니없는 것으로 치부한다." 쿠아레는 이런 현상을 진실에 대한 급진적 활동가의 이해라고 불렀다. 따라서 전체주의 이론가들은 사상의 고유한 가치를 부정했다. ; "그들에게 사상은 빛이 아니라 무기이며 사상의 기능은 진실을 있는 그대로 발견하는 게 아니라 그것을 변형하고 개조해서 우리를 그렇지 않은 것으로 이끄는 데 있다." 쿠아레에게는 절망스럽게도, 신화와 감정이 경험적 검증 방식을 대체했다. ; "따라서 신화는 과학보다 우월하며, 지성에 호소하는 증거보다 열정에 작용하는 수사학이 더 나은 것이었다."[9]

파시스트와 반파시스트들은 분류와 어휘까지 공유했지만, 그것이 지닌 정치적 의미나 정당성은 서로 완전히 다른 것이었다. 그래서 정치적 스펙트럼의 반대편에서 아르헨티나 파시스트 루고네스는, '입증 가능한 진실'이 궁극적 진실을 드러내지는 못한다고 주장했다. 그에게 궁극적 진실이란 영웅주의, 국가주의, 그리고 아름다움의 동의어였다. 자유주의에 현상학적 진리가 있다면 그것은 반쪽짜리 진리였다. 루고네스에게 파시즘은 역사의 안팎에서 모두 존재하는 진리를 대변했다. 파시즘의 뿌리는 그리스-라틴의 고전적 세계, 기독교, 그리고 스페인의 아메리카 정복에 있었으며 그것은 자유주의에 대한 애국적 저항과 다름없었다. 그러나 그것은 또한 역사를 초월한 신성한 흐름이었다. 루고네스의 설명에 따르면, 아르헨티나의 성직자 파시즘에서 진리는 권력의 한 측면이기도 했고 신성한 것이었다.[10]

루고네스처럼, 마에스투도 '영원한 진리'의 존재를 긍정했다. 그것은 "초월적 본질로서의" 옳음과 진리를 찾는 과정에서 등장한 현실이었다.[11] 마찬가지로 브라질의 가장 유명한 파시스트 지식인인 구스타부 바로소^{Gustavo Barroso} 역시 브라질 파시즘이 '영원한 진리'를 나타내기 때문에 지구상에서 가장 훌륭한 정치 형태라고 주장했다. 이들은 영혼, 십자가, 그리고 민족의 '단결'이 지배하는 '새로운 시대'라는 초월적 변화를 약속했다.[12] 루고네스와 마에스투처럼 바로소도 절대적 진리라는 미학적이며 정치적 우월함으로부터 새로운 시대의 도래를 확인했다.[13] 브라질 파시스트 수구주의자들의 지도자였던 살가두는 더 노골적이었다. 역사의 시간은 신화의 시간으로 대체되었다 ; "오늘날 라틴아메리카는 세계에서 가장 위대한 지역이다. 태초의 시간에서 그 이유를 찾을 수 있는 숙명 때문이다." '아틀란티스의 소멸'은 라틴아메리카의 현재와 명백히 연결되어 있었다. 그것은 "다른 어떤 문명과도 공통점이 없는 문명의 여명"을 알리는, 대서사의 순간이었다.[14] 신화적 성찰을 통해 운명을 이해하게 되면 과거와 현재의 진실로 도달할 수 있었다.

파시즘은 새로운 세상의 계시였다. ; "오늘날 브라질 통합주의의 과업은 대지의 타고난 본능과 그 치명적 감정, 그리고 이 대륙에 사는 인간 대중의 무언의 목소리를 드러내는 것이었다." 브라질과 라틴아메리카는 세상 끝에 있는 신화적이며 멀고도 먼 미지의 지역으로서, 말하자면 '궁극의 땅'이었다. 살가도는, "우리는 마지막 서양이다. 그리고 우리가 최후의 서양이기에 또한 우리는 최초의 동방[Primeiro Oriente]이다. 우리가 새로운 세계다. 우리는 제4의 인류다. 우리는 미래를 여는 서광이다. 우리가 지구의 힘이다. 우리는 다시, 아주 먼 옛날의 천체 서사[*]에 따라 양자리의 빛나는 대문에서 시작된 행군의 거룩한 역사를 쓴 바로 그 사람들이다."[15]

'설명'의 참된 형태이자 현재의 실상은 바로 계시였다. 대서양을 가로질러서 루고네스, 마에스투, 바로소와 살가두 같은 파시스트들은 모두 진리를 신화적 버전의 역사, 신성한 것을 위한 수단으로서의 정치, 올바른 정치가 곧 아름다움이라는 등식, 정의는 권력에 완전히 종속된다는 개념 등이 융합된 것으로 받아들였다. 파시즘에서 진리는 영혼의 감정적 발산과 파시스트들이 정치 이데올로기와 동일시하는 이미지와 행동에 뿌리를 두고 있었기에 실재하는 것으로 간주 되었다. 체계적인 고려사항들은 필요 없었고 행동과 자기 탐색, 신앙과도 같은 믿음이 그 자리를 대신했다.

---

[*] 천체 서사(the zodiacal script)는 황도 12자리를 기반으로 한 상징 언어나 문자 체계를 말하며 일반적으로 점성술에서 활용되었다.

루마니아 파시스트 코드레아누의 경고처럼, 완벽하고 확실한 프로그램을 개발하는 것은 파시스트 운동의 이익에 반하는 것이었다. 신앙과 영혼의 쇄신이야말로 프로그램보다 더 중요한 것이었다. 그는 루마니아 파시스트들이 "교리를 가지고 있으며, 그들은 종교를 가지고 있다."고 했다. "이는 또 다른 운명을 개척하기로 결심한 수천 명의 사람을 신비롭게 하나로 묶어주는 더 높은 차원의 그 무엇이었다. 사람들이 약간의 관심만 가지고 봉사하는 동안 부대원들은 위대한 믿음으로 언제든지 이 믿음을 위해 자신을 희생할 준비가 되어있다. 그들은 이 믿음에 완전하게 봉사한다." 코드레아누는 아무도 프로그램을 위해 죽지 않지만, 파시스트들은 그들의 믿음을 위해 기꺼이 죽으려 하기 때문에 프로그램보다 맹신이 더 낫다고 결론지었다. 파시즘은 "위대한 영적 학교"였다. 그것은 '영혼의 혁명'이 될 헌신을 이끌어냈다. 루마니아 파시즘의 주된 정치적 목표는 "개인의 영혼과 국민의 영혼"을 맞바꾸는 것이었다. 이는 적의 거짓말에 맞서는 진실의 정치였고, 코드레아누의 표현을 빌리면 적들이 조장하는 자아의 타락에 맞서 싸우는 문제였다. "악한 영혼이 그림자 속으로 숨어든다면, 국민 앞에서 과시되는 화려하고 새로운 프로그램과 사회 시스템은 거짓일 뿐이다." 그에게 거짓이란 경험적으로 검증해야 할 말들이 아니라 "의무를 다하겠다는 의식의 결여, 루마니아적인 모든 것에 대한 배반"의 표현이었다.[16]

이러한 거짓에는 맞설 수 있는 조치가 필요했다. 영국 파시스트 지도자 오스왈드 모슬리의 주장처럼, 파시스트의 행동은 민주적 대화와는 완전히 대조를 이루었다. 행동은 "파시즘의 진정한 애국심"의 중심이었다.[17] 그러나 역으로 아렌트나 쿠아레는 모두 파시즘을 단순히 진리에 반하는 것으로만 보았다.[18] 흥미로운 것은 두 사람 모두 진리에 대한 파시스트적 이해에 있어서 이미지의 중심적 역할에 주목했다는 것이다. 내가 다른 곳에서 언급했듯, 서로 매우 다른 두 현대 작가인 프로이트와 보르헤스도 모두 이런 나름의 관점을 다룬 바 있다. 1925년 노소트로스Nosotros 잡지에 쓴 것처럼 보르헤스에게 파시즘과 '루고네리아'칼의 시간'을 선언함으로써 유명해진 루고네스의 파시즘'는, 생각에 도움이 되지 않는 감정의 "강화"를 의미했다. 보르헤스는 파시즘을 "지적으로 미끄러진 경사[tropezones intelectuales]*" 같은 것으로 생각했다. 프로이트에게 파시즘은 신화와 지도자가 현실원칙을 지배하는 환상의 세계에 존재했다.[19] 두 사람 모두에게 파시즘은 고전적 신화 세계의 구조적 진실에 거짓과 폭력적이고 야만적인 이데올로기를 적용하고 있다는 점에서 문제였다. 파시즘은 억압된 신들의 귀환, 이성에 의해 압도된 세계로의 귀향뿐 아니라, 그들의 전체주의적 정치의 채택을 상징했다.

---

* 처음에는 작은 지적 결함이나 오류라도 시간이 지나면 매우 치명적인 결과로 이어질 수 있음을 나타내는 표현

보르헤스와 프로이트에게 똑같이 파시즘의 진실 부재는 그 자체의 부조리, 즉 오래된 다원주의적 신화를 단일한 정치적 신화로 부당하게 변형한 것과 관련이 있었다. 프로이트는 파시즘을 진리에 대한 병리적 해석으로 개념화했다. 보르헤스에게 나치의 반유대주의는 "학습된 환각"에 뿌리를 둔 것이었다. 둘 모두에게 파시즘은 맥락적 진실즉. 역사에 대한 부정을 의미했다. 둘은 모두 파시즘에서 폭력, 인종차별, 미신 사이의 관계를 강조했다. 보르헤스에게 파시즘은 말 그대로 파괴적인 것이었다. ; 인간은 나치를 위해 오로지 거짓말하고, 죽이고, 피를 흘릴 뿐이었으며 그 어떤 긍정적인 결과로도 이어질 수 없었다. 파시스트의 폭력은 "오명에 휩싸인 윤리"에 뿌리를 둔 초월적 형태였으며, "칼에 대한 믿음"이었다. 보르헤스는 제2차 세계대전 중에 한 논평을 통해 이 폭력의 윤리 속에서 독일인들에게 '포기하는 연습'을 가르쳐야 한다며 이런 이데올로기적 차원을 지적한 바 있다. 그러나 나치의 윤리란, 그 자체로 "비윤리적[la ninguna etica del nazismo]*"이라는 점에서 모순이었다.

파시즘의 윤리는 책에 나오는 이성적인 윤리 교육이 아니었다. ; 차라리 이미지와 감정으로부터 끌려 나온 것들이었다. 한 마

---

* '나치주의의 윤리적 부재'라는 뜻으로 나치 정권이 인류의 기본적인 윤리원칙을 무시하고 폭력과 인종차별을 정당화하며, 개인의 삶과 자유를 희생시키는 것을 의미한다.

디로 미신의 귀환이었다. 그래서 보르헤스는, 파시즘을 독서에 완전히 반反하는 것으로 파악했다. 1944년, 그는 파시즘이 결국 지식의 파괴로 이어질 것이라고 경고했다. 파시즘은 "지구상 모든 책의 죽음"으로 가는 길을 열어줄 것이었다. 아이러니한 점은, 프로이트는 1944년 당시에 이미 진행 중이던 유대인 대학살의 진행 상황에 대해 보르헤스가 말한 것을 몰랐기 때문에 시체를 태우는 것보다는 책을 태우는 게 낫다고 아이러니하게 주장했다. 프로이트에게, 나치가 자신의 책을 불태운 것은 학습된 문화에 대한 그들의 거부감을 상징했다. ; "우리는 얼마나 진보하고 있는가. 중세였다면 나를 불태웠을 텐데 지금 그들은 내 책을 태우는 것으로 만족한다."[20]

이런 맥락에서 일부 파시스트들의 인식론적 과잉은 정치적 지식의 원천으로서 독서의 가치를 부정하는 데까지 이르렀다.[21] 그러나 대부분의 파시스트에게, 사상과 행동은 융합되어야 하는 것이었다. 무솔리니의 표현대로 책과 장총musket은 완벽한 파시스트를 만들어 주었다. ; "책과 총, 완벽한 파시스트Libro e moschetto, fascista perfetto."[22] 파시스트들은 책과 문화를 애증의 관점으로 바라보았다. 확실히 파시즘은 미래주의를 비롯해 현대문학과 예술의 여러 다른 형태를 포함한 강력한 지적 흐름에 의해 뒷받침되었다. 그러나 파시즘은 또한 반지성주의를 정치적 동기의 핵심 원천으로 받아들였다. 페루의 마르크스주의 지식인 호세 카를로스 마리아테기^{Jose Carlos Mariategui}가 주장한 것처럼, 진정한 파시스트들에게 파시즘은 "개념이 아니었다." 파시즘은 폭력의 이름으로 예술에 반대했다. 무솔리니의 이데올로기적 입장은, "_{개념이 아니라} 감정에 의해 움직이는 것이었다."

마리아테기는 1920년대 파시즘의 기본적 차원, 특히 그 구성주의적인 반계몽주의에 대해 분석했다. 이 운동은 "자유와 민주주의뿐만 아니라 문법에도 반대하는 것"이었다.[23] 이는 문화를 거부하겠다는 이데올로기적 결정이었다. 마찬가지로 아도르노에게 파시스트적 감상주의는 단순히 "원시적이고 반성찰적인 감정"만을 암시하는 게 아니라, 오히려 무의식의 세계로 여겨지는 것들을 모방하고 흉내 내려는 분명한 결정에 가까웠다. 파시스트들은 의식적으로 이런 "집단적 퇴행"을 추구했다. 파시즘은 그 추종자들에게 단순한 형태의 비합리성이 아니라 실제적 감정에 대한 허구를 제공했다.[24]

파시스트들에게 추상적 개념이나 의심스러운 상징주의는 잠재적이고 치명적으로 자유주의와 민주주의를 내포하고 있었다. 텍스트는 감정과 이미지의 세계로 회귀하려는 파시스트들의 계획에 잠재적 위협이었다. 필수적 개념화로서의 텍스트는 감각적 경험으로부터 위험할 만큼 멀어져 있었다.* 개념과 원칙은 파시즘이 바로잡아 줘야 할 이성의 신기루로 간주 되었다. 역설적으로 파시스트들에게, "의식"은 상징적이고 유추적인 사물의 질서를 뒤집으려는 폭력적 수행의 행위에서 출발해 실제적이고 노골적인 폭력과 지배로 나아가는 진리를 위한 폭력적 외화 外化, externalization의 결과물이었다. 의식과 본능은 파시스트 전체주의 국가에서 상호 유기적이었다.[25] 요컨대 무의식의 신화적 힘을 밝혀내려는 탐색이 파시스트의 의식 개념을 정의했다.

---

* 추상화된 텍스트는 감각적 경험으로부터 멀어지기 때문에, 현실과 사실에 대한 올바른 이해를 방해한다는 의미.

7

파시스트의
무의식

파시즘은 진정한 존재의 표현과 정치적 조율을 위한 집단적 수단으로 여겨졌다. 영혼이 세계에 대한 진정한 내적 개념을 품고 있다는 생각은 파시즘의 지적 과정 중심에 있었고 파시스트들의 정치에 대한 이해의 근원이기도 했다. 예를 들어 무솔리니의 동생 아르날도^{Arnaldo}는 파시즘을 지배하는 의지가 내면의, 또 전반적인 쇄신을 촉진한다고 주장했다. 그는 실제로 무솔리니의 임무는 이 집단적 영혼을 조율하는 것이라고 주장했다. 예술보다 정치가 더 영혼을 잘 파악하고 변화시켜 미래에 투영시킬 수 있다는 것이었다. 요컨대, 파시즘은 영혼을 정치적 정당성의 원천으로 이해했다.[1]

국민의 개인적, 집단적 욕망은 지도자의 페르소나를 통해 구현되었다. 어떤 의미에서 지도자는 주권에 대한 파시스트적 사상의 표현이었다. 확실히 이 주권은 집단적 의지에 뿌리를 두고 있었지만, 그것은 명목상의 주권일 뿐이었다. 지도자만이 주권적 욕망의 이상적인 대리자였다. 그는 국민의 집단적 열망을 완전히 이해하고 있었고, 달리 말하면 국민이 진정으로 원하는 것을 국민보다 오히려 더 잘 알고 있었다. 히틀러가 보기에 지도자의 역할은 국민의 욕망을 충족시켜 주는 것이었다. "보통의 국민은 끝도 없는 욕망과 평범한 신념을 가지고 있지만, 그 실현 가능성은 말할 것도 없고 목표의 실제 성격이나 자신의 욕망을 정확히 파악할 능력이 없기 때문"이었다.[2]

"가장 강한 자"로서 지도자의 역할은 "자연의 질서"로부터 나온 것이었다. 히틀러의 언어는 사람들에게 지도자만이 유일하게 중요한 인물이라고 확신하는 것이, 일종의 종교적 부활과도 같은 것임을 시사했다. 지도자는 공개적으로 행동하기 전에 대중의 "심리적 강요"로부터 벗어나야 했다. 히틀러에게 있어, "영웅적 해결책"을 찾지 못한 국가는 "무능한" 국가였다. 그 반대의 상태는 모든 국민이 지도자의 페르소나 안에 육화됨으로써 정치적 욕망을 달성하는 것이었다. ; "운명은 언젠가 이를 위해 태어난 사람에게 그 목적을 부여할 것이며, 마침내 오랫동안 갈망했던 성취를 가져다줄 것이었다." 그리고 히틀러는 그런 사람의 출현을 신화적 투쟁의 결과이자 경험적으로 확증할 수 없는 초역사적 운명의 결과로 보았다. 지도자는 "그가 속한 곳"에서 역사가 임명한 "최고의 인간"이었으며, "이는 언제나 그래왔던 것처럼 앞으로도 그럴 것이고 영원히 그럴 것이었다." 히틀러는 과거와 현재를 단선적으로 잇는 이런 신화적 비전을 통해 "이른 바 인간의 지혜"라고 불리는 것에 맞서 "진리"를 내세웠다. 역사는 "헤게모니 장악을 위한 의식적이고도 무의식적인 투쟁"을 수반했다.[3]

무솔리니 또한 자신을 무의식적인 집단의 주요 해석자로 여겼다. 프랑스의 반동적 원시 파시스트 사상가들도 비슷한 비전을 제시했다. 모리스 바레스^{Maurice Barrès}는 "무의식의 우위"를 찬양했고, 샤를 모라스^{Charles Maurras}는 본능과 무의식이 사회 조직의 중심이라고 주장했다.[4] 파시즘의 정당성은 정치적 정당성이 무의식에서 비롯된다는 이 특이한 개념에 기초하고 있었다. 이 정의에 따르면 대중 주권은 다수의 선거를 통해 표현될 수 있는 게 아니라 파시스트 국가와 지도자라는 두 가지를 통해 실현되는 것이었다. 파시즘은 무솔리니가 만든 전체주의 국가에서 구현되었다. 이탈리아 파시스트 미켈레 비앙키^{Michele Bianchi}는 "국가의 특성은 살아 숨 쉬며 그것은 추상적인 개념이나 법적 공식이 아니다. 그것은 감정이며 의지이다."라고 주장했다. 따라서 비앙키는 무솔리니 치하의 국가가 정치적 현실일 뿐만 아니라 "이상적

이고도 윤리적인 현실"이라고 주장했다.[5]

이 '민족의 의지'는 파시즘에 의한 국가 정복의 결과였다. 그것은 일반적 국가가 아닌 파시스트 국가였고 신화적 무의식에 대한 파시스트적 인식과 행동에 뿌리를 두고 있었으며 파시스트 독재를 통해 구체화 되었다. 무의식에 대한 이러한 개념은 지지자들이 이를 통해 사실적 지각 수준을 초월할 수 있으리라 기대했다는 점에서 이데올로기적이었다. 그러나 파시즘 정치의 내적 진정성에 대한 이러한 주장은 사실상 파시스트들만의 합리화에 불과했다. 달리 말해 그들은 충동과 신화, 환상을 근거 없이 강요하는 파시스트 정치를 위해 이론적 기반을 마련한 것이었다. 따라서 아이러니하게도 파시스트의 무의식은 필연적인 의식적 행위의 결과가 되었다.

파시스트들이 보기에, 국민의 권력은 그들의 이상적 자아를 가장 잘 대표하는 지도자에게 영구적으로 위임된 것이었다. 지도자는 국민의 주권을 구현했다. 군주들이 자기 자신을 구현했다면, 파시스트 지도자의 정당성은 국민의 뜻에서 나온 것이었다. 그러나 파시스트의 수사학과 신념 속에서 이 정당성은 신성한 의미와도 연결되어 있었다. 무솔리니에게 "국민주권"은, 합의가 아닌 무력으로 지배하는 지도자에게 위임된 절대 권력을 통해서만 존재할 수 있었다.[6] 그러나 무솔리니의 해석은 기존의

민의를 읽거나 "자신의 힘에 대한 국민의 확신"을 확인하는 것뿐만 아니라 더 중요하게는 자신의 직관을 통해 이루어졌다. 히틀러와 마찬가지로 무솔리니도 자신이 국민이 진정으로 원하는 것이 무엇인지 알고 있다고 생각했다. 그는 자기 안에서 "국가의 맥박"을 느낄 수 있다고 생각했다.[7]

그 결과 파시스트들은 프랑스 이론가 조르주 소렐Georges Sorel을 향한 존경심을 표하면서도 그의 도구적 접근 방식에는 비판적이었다. 소렐은 신화에 대한 믿음 없이도 신화의 정치적 힘을 믿었다. 브라질의 파시스트 지도자 살가두에게 소렐의 문제는 역사를 계급 투쟁으로 축소하는 것이었고, 따라서 "소렐의 방식"은 "그리스도의 방식"에 반대되는 것이었다. 요컨대, 소렐에게는 믿음이 부족했다. 그는 "유약하고 모자랐다." 콜롬비아 파시스트들의 지적처럼 소렐의 이론은 공산주의를 만들어 낼 수 있었고 그 "해독제"인 파시즘과 나치즘도 만들 수 있었다. 그들은 "폭력만이 유일한 창조자이지만, 이는 영혼에 대한 서사적 국가를 만들지 않고는 불가능하다."고 주장했다. 이러한 국가는 "종교, 영광 또는 위대한 정치적 신화"에 의해 만들어질 수 있었다. 무솔리니 자신도 "소렐은 진정한 우리의 주인"이라고 말하면서 소렐을 자신의 '정신'을 구성하는 데 기여한 저자 중 한 명으로 소개했지만, 도덕성에 대해서는 상당한 이견을 표했다. 대체로 무솔리니의 신화적 현실에 대한 믿음은 신화에 대한 소렐의 도

구적 관점을 훨씬 뛰어넘었다.[8]

무솔리니는 ^{자신이 추론한}사람들의 욕망과 신성한 욕망을 결합했다. 1926년 그는 국가의 역사적 운명에 대해 생각할 때 사건의 전개 속에서 신성한 의지의 작용, 즉 "신의 뜻이 담긴 무오류의 손길, 무오류한 신성의 표징"을 "볼 수 있었다."고 말했다.[9] 많은 파시스트가 이에 동의했다. 그들에게 무솔리니의 정신은 "인간 안에 신성이 스며든 숭고한 모습"을 보여주었다. 무솔리니의 영혼은 모든 영혼의 총체적 화신으로 간주 되어 이탈리아 내면의 진정성을 읽을 수 있는 이상적 원천으로 여겨졌다.[10] 그 결과 무솔리니는 자신의 행동과 말, 즉 자신의 환상과 욕망이 무엇이든 그것을 정치적으로 실현하기 위해 가차 없이 방어하며 파시즘을 끊임없이 재구성할 수 있는 능력을 갖추었다. 파시스트 지식인 카밀로 펠리치^{Camillo Pellizzi}가 말했듯이, 적어도 이러한 교리가 무솔리니의 인격과 행동으로 대표되는 한 별도의 파시스트 교리는 필요 없었다.[11] 마치 정치적 추동 이론을 보여주기라도 하듯, 무솔리니가 가진 대표성의 이러한 총합은 종종 "파시스트 혁명의 영웅"에 대한 찬가에서처럼 죽음보다 삶을 긍정한 결과로 설명되었고 무솔리니 자신은 삶을 급진적 투쟁 의식과 동일시했다.[12]

파시스트에게 본능, 영혼, 성격, 개성은 신화적 구현이자 생물학적 실체일 뿐만 아니라 과거 제국주의의 집단적 유산이었다. 합리적 중재가 빠진 파시스트의 내면은, 더는 정신적 추상물이 아니라 국가의 제국적 신화에 대한 살아있는 표상이었다. 육체와 정신의 추상적 구분과 달리 펠리치는 "영혼"이 "흡수성 현실 realtà assorbente"*이라고 주장했다.[13] 파시스트들은 폭력, 전쟁, 제국주의 등의 "내적" 경험을 통해 이 "현실"을 표현하는 것이 자신들의 정치라고 생각했다. 제국은 "위계적 본능"의 본질적 표현이었다.[14] 대체로 파시스트의 무의식 개념은 지도자의 욕구를 파괴적 욕구의 진정한 발산, 즉 폭력적 욕망의 확인으로 인식해야 할 필요가 있다고 강조했다. 요컨대 파시즘은 스스로 순수한 욕망을 구현한다고 믿었지만 동시에 이데올로기적 파시즘의 핵심인 전면전, 전방위적 폭력, 적의 파괴 등과 관련이 없다면 모든 욕망을 억압했다.[15] 파시즘은 정치 영역에서 폭력적 충동의 절대화를 상징했다. 이는 "위험한 삶"이라는 무솔리니의 사상, 또는 스페인 파시스트 카바예로의 표현대로 신비주의가 깃든 창조적 위험으로 요약되었다. 카바예로의 완벽한 파시스트 세계는 "고통과 전쟁"이라는 개념이 "긍정적이고 초자연적인 가치"를 갖는 세계였다.[16]

주체가 "고통과 전쟁 속에서" 초월적 가치를 발견할 수 있으리

---

* 외부에서 받은 자극을 적극적으로 수용하고 내면화하여 진짜 현실이나 다름없게 된다는 뜻.

란 생각은 진리가 인간의 역사나 대리인보다는 초자연적 세계에 속해 있다는 파시스트 사상이 얼마나 비인간적인지를 보여주는 증거다. 신성한 형태의 진리에 대한 이러한 믿음은 명확한 기독교 신학적 함의를 지닌 것이었다. 성경에서 주님의 진리는 인간의 거짓과 대조된다; "모든 사람이 거짓말쟁이지만 하나님은 참되시다는 것이 증명되게 하소서." 하나님의 진리를 믿지 않는 사람은 말 그대로 악마화되었다; "예수가 그리스도이심을 부인하는 자가 거짓말쟁이가 아니라면 누가 거짓말쟁이인가? 이것이 바로 적그리스도이며 아버지와 아들을 부인하는 자이다." 진실하지 않은 사람들의 거짓말은 악마에게서 나온 것이었다. 그들은 인간의 기준에 따라 판단하기를 원했고 오직 믿음만이 제공할 수 있는 진실한 이해에 반대했다; "왜 내가 하는 말을 이해하지 못하느냐? 당신이 내 말을 받아들일 수 없기 때문이다. 너희는 너희 아버지 악마에게서 나와 너희 아버지의 욕망을 이행하기를 선택했다. 그는 처음부터 살인자였으며 자기 안에 진실이 없기에 진리 쪽에 서지 않았다. 거짓말할 때 그는 거짓말쟁이고 거짓말의 아버지이기에 자신의 본성에 따라 말한다."[17] 파시즘의 진리 개념은 이렇듯 신성한 진리와 악마의 거짓말 사이의 전통적 대립에서 비롯되었다. 1943년에 아르헨티나의 파시스트 사제 레오나르도 카스텔라니^{Leonardo Castellani}가 주장했듯이, 진리에 도달하는 유일한 방법은 신으로부터 진리를 "번역"하는 것이었다. 그 결과 과학적 진리는 "신비주의적 진리"로

대체될 것이었다.[18]

결과적으로 파시즘은 자기 인식을 포기하고 그 자리에 정화된 자아에서 나오는 것으로 추정되는 경건한 진리를 넣었다. 카바예로는, "인간은 자신의 양심을 너무 많이 분석해 왔고, 결국 애초에 분리될 수 없는 것들의 통일성을 믿지 않음으로써 스스로 양심을 흐리고 썩게 했다. 이것이 프로이트주의와 초현실주의의 사생아 뒤에 숨겨진 비밀이다."라고 불평했다. 프로이트 이론은 좌파와 유대인 적敵 문화의 일부였다. 그것은 원시주의의 본질이자 세속적 근대성의 특징이기도 했다; "구석기 시대의 원시인과 오늘날의 야만인 모두 자신도 모르는 사이 프로이트주의자가 되어왔다."[19]

프로이트 이론을 초월적인 진리 감각을 가지려는 욕망으로 해석하는 것은, 사실 카바예로 같은 파시스트들 이론의 핵심 요소로서 진리에 대한 민족주의적이고 종교적인 개념을 지키는 것이었다. 이 진리는 모든 의심을 버리고 "있는 그대로의 지성의 진리에 대한 믿음"을 받아들임으로써 도달할 수 있는 것이었다. 개인에서 집단적 국가로 나아가는 이 길은 한마디로 파시스트 정치였다; "삶의 예술은 … 평화와 신에 대한 관조라는 영원하고도 최상의 상태에 도달하기 위해 개인의 상태에서 조국의 상태로 넘어가는 것이다." 그는 "오직 하나님만이 박동하며 들을

수 있는 멜로디 속에서 우리는 음표 하나하나로서의 규율에 순종하자."고 주장했다.[20]

파시스트 정치 신학은 인류 역사 너머에 존재하는 진리를 불러일으키고 자아에 대한 비판적 탐구를 포기함으로써 현실에 이르는 신성한 길을 제시했다. 이러한 움직임은 인식의 거부와 현실로부터의 거의 완벽한 소외를 의미했다. 이로써 파시스트 신봉자들은 정신분석 기법에서 파생된 자기 인식에 대한 깊은 불신을 갖게 되었다. 파시스트들에게는 왜 프로이트에 대한 이런 비판이 중요했을까? 정신분석학과의 싸움에서 무엇이 파시스트들을 위태롭게 했을까? 이러한 질문들은 다음 장에서 다루게된다.

8

정신분석에
대항하는 파시즘

유럽에서 막 돌아온 젊은 시인 보르헤스는 1921년 스페인 친구에게 마세도니오 페르난데스^{Macedonio Fernández}를 비롯한 다른 문학 친구들과 함께 집필할 야심 찬, 어쩌면 불가능해 보이는 집단적이고도 환상적인 문학 프로젝트에 대해 편지를 썼다. 보르헤스는 아르헨티나 국민에게 '보편적인 신경증'을 퍼뜨려 권력을 장악하려는 가상의 볼셰비키 작전을 중심으로 이야기가 전개될 것이라고 말했다.[1] 물론 보르헤스는 이 소설을 실제로 쓴 적이 없으며, 누군가 이 가상의 이야기를 국가에 대한 실제적 위협으로 받아들이리라고는 예상치 못했을 것이다. 하지만 아르헨티나의 한 파시스트 그룹은 이를 정확히 유대인의 음모로 규정하고 심지어 보르헤스를 이 음모의 배후로까지 지목했다. 이들에 따르면 유대인들은 전형적인 집단 신경증을 보여왔고 이를 퍼뜨려 국가를 장악하려고 공모했다는 것이었다. 여기에서 프로이트의 정신분석학은 수단이자 목적이었다.

신비주의적이고 폭력적이며 위계적인 자아에 대한 파시스트의 생각은 정신분석 이론과는 극명한 대조를 이루었다. 많은 파시스트에게 무의식의 정신분석적 범주는 적에게만 적용되었다. 결국 프로이트는 파시즘의 신성한 차원을 부정하고 파시즘이 서구적 야만으로의 귀환이라고 정의함으로써 파시즘의 목적뿐만 아니라 파시즘적 자기 이해에도 반대했다. 루고네스에게 프로이트는 용납할 수 없는 것의 상징이었다. 그는 신성의 개념에 의문을 제기함으로써 파시즘이 대표하는 정치에도 의문을 제기한 적이었다. 루고네스는 프로이트에게 "신이란, 일부 야만 부족들 안에서 그 자체로 분열돼있는 토템이나 짐승의 형상을 이상화한 것에 지나지 않는다."라고 편지를 썼다.[2] 루고네스에게 프로이트는 본능적 힘을 지나치게 부정하는 '반종교'를 대표했다. 루고네스는 정신분석을 무엇보다도 "반기독교적"이라면서, 기독교 파시즘의 영원한 진리와 정반대되는 것으로 간주했다.

동시에 필리포와 같은 아르헨티나의 성직자 파시스트들은 정상성, 욕망, 병리에 대한 정신분석적 관점에 대해 크게 우려했다. 요컨대, 프로이트 이론은 자아와 신성에 대한 초월적 진리에 명백한 위협이었다. 필리포는 이 시기에 프로이트 학파에 대한 반유대주의적 적대자 중 가장 중요한 인물 중 한 명이었다. 많은 동료 파시스트들과 마찬가지로 그는 프로이트의 정신분석학을 국가에 대한 위협으로 여겼다. 이러한 인식은 '내부의 적'에 대한 편견과 유대인을 향한 세속적이고 인종차별적인 공격에 기반을 두고 있었지만, 한편으로는 전통적인 종교적 반유대주의의 요소들도 포함하고 있었다.

필리포는 이 문제에 관해서 반유대주의 작가 알베리코 라고마르시노Albérico Lagomarsino 박사의 말을 자주 인용했다. 라고마르시노는 프로이트주의에 대해, 특히 유대인의 문화 예술 활동과 관련해 필리포와 의견을 같이했다. 그는 다양한 유대인 문화 기업가들이 "프로이트의 정신분석 이론"을 채택함으로써 "리비도의 승화"를 예술적 표현을 통해 촉진한다고 주장했다. 라고마르시노가 보기에 정신분석 이론은 정신을 흐리게 하고 감각에 우선순위를 두는 유대인 특유의 "예술적 표출"로 이어졌다. 육체성과 음탕함의 법칙은 예술적 형식에서 "퇴행"을 의미했다. 그는 유대인들이 활성화한 정신분석 예술의 "불결함"에 대한 거의 포르노그래피적 자극을 계속 들먹이면서 그것들이 유대인 특유의 특성이라고 비난했다. 라고마르시노는 자신이 "유대인 예술"이라고 이름 붙인 것들을 표현하기 위해 카니발 풍의, 심지어는 음란하기까지 한 이미지들을 사용했다. 그는 이 예술이

분간이 안 되는 나체들, "음탕한 무리의 벌거벗은 살", 여성들의 몸, 별것 아닌 패션, 파편화된 개인들, 그리고 빛과 음악의 조작을 특징으로 한다고 설명했다. 라고마르시노는 요약했다. "그들이 원한 주제가 섹스라는 게 밝혀졌다. 이것이 바로 유대 정권 하의 현대 예술이다!"[3]

필리포는 프로이트가 정신분석의 아버지로서 쾌락주의적 교리를 부활시켜 "자유로운 쾌락"을 옹호하고 "여성 학대"와 "금세기의 치욕이랄 수 있는 유대교 프리메이슨-공산주의의 개시"를 위한 "계단"을 건설하기 위해 난잡한 성교를 허가하는 것을 주요 목표로 삼고 있다고 믿었다. 그리고 그 궁극적인 결과는 "현실 세계에서 신의 영향력을 거스르려는 프로이트의 야심"이었다.[4] 그가 "사탄과 남근의 숭배자"라고 불렀던 그 모든 사람을 하나로 모으려는 유대인 음모의 성적 측면에 공포심을 느낀 것은, 필리포만이 아니었다. 많은 가톨릭 반유대주의자들이 기독교 진리에 대한 프로이트의 무차별적 비난과 프로이트가 말년에 걸린 "설암舌癌" 사이에 모종의 관계가 있을 것이라고 말했다. 파시스트 사제 레오나르도 카스텔라니Leonardo Castellani는 1935년 비엔나를 방문했을 때 이 소문을 들었다고 했다.[5] 파시즘 시기에 성적 관심은 전 세계의 반유대주의 우파가 퍼뜨린 유대인에 대한 고정관념의 중심에 있었다. 히틀러는 유대교의 성적, 인종적 위협에 자신의 환상과 두려움을 투사했다.

검은 머리의 유대인 청년은 악마처럼 환희에 찬 얼굴을 하고 자신의 피로 더럽힐 순진한 소녀를 숨어서 기다리다가 그녀를 민족으로부터 빼앗아 간다. 그는 모든 수단을 동원해 자신이 정복하기로 마음먹은 사람들의 인종적 기반을 파괴하려고 시도한다. 그 자신이 여성과 소녀들을 조직적으로 망치는 것처럼 그는 심지어 대규모로 다른 사람들을 위한 혈통의 장벽을 무너뜨리는 것을 주저하지 않는다. 흑인을 라인 지방으로 데려왔고 또 지금도 데려오는 게 유대인이며, 항상 똑같은 음흉한 생각과 분명한 목표를 가지고 필연적으로 태어나는 사생아들을 통해 증오하는 백인 인종의 문화적, 정치적 권위를 추락시킴으로써 파멸시키고 그 자신이 주인으로 떠오른다.[6]

많은 라틴아메리카 파시스트들이 히틀러의 편집증적인 성적 환상을 공유하면서도, 히틀러가 밝혀진 기독교의 진리는 무시한다고 믿었다. 그러나 아르헨티나의 성직자 파시스트들에게 "유대인 문제"는 단순히 인종적인 문제일 뿐만 아니라 신학적 문제이기도 했다. 마인비엘레 신부에게 아르헨티나 "문제"에 대한 해결책은 결국 나치의 최종 해결책이 아니라 가톨릭이어야만 했다.[7] 그는 나치의 반유대주의를 가장 중요한 정치적 이해관계에서 분리했다. 그러면서도 그는 나치의 폭력을 좌파에 대한 하나님의 세계적 계획의 결과라고 생각했다.[8] 마인비엘레가 마음에 들지 않는 모든 것을 유대인 탓으로 삼아 비난했다는 점을 감안하면, 국수주의적 폭력만이 반유대주의적 해결책이었다. 그러나 이 폭력이 이교도적 방식이어서는 곤란했다. 마인비엘레에게는 "이방인을 이방인이기 때문에 배척하는 이교도적 방식과 국가의 정당한 이익에 해가 될 수 있는 위험이기에 이방인을 거부하는 기독교적 방식, 그리고 유대인이기 때문에 유대인을 배척하고 증오하는 이교도적 방식과 기독교 민족의 마음속에 유대인이 차지하고 있는 미약한 사명을 알고 그의 영향력을 제한하여 해를 끼치지 않게 하는 기독교적 방식"이 존재했다.[9]

멕시코 파시스트 잡지 티몬이 히틀러를 진리의 이름으로 유대인과 싸우는 것처럼 묘사했지만, 그의 방식이 "전 세계 대다수 가톨릭"의 방식은 아니었다. 멕시코 파시스트 페르난도 데 유스카디Fernando de Euzcadi는 사람들이 그들의 영혼으로 이 "진리"를 느낄 수 있다고 주장했다.

양심에 부끄럽고 치욕적일지라도 모든 사람의 영혼에는 슬픔과 절망의 진실이 존재한다. 그리고 인류는 유대인 독재의 희생자를 무시하지 않으며, 애국자의 확고한 의시와 강렬한 에너지가 한 유대인 조직 전체를 파괴할 수 있다는 사실도 무시하지 않는다. 대★독일의 총통은 통찰력 있는 행동가이며 그에게는 박동의 떨림도, 양심의 약점도 없다. … 유대인들의 '금기'는 국민의 확고한 지지를 받는 철인의 의지 앞에서는 힘을 발휘하지

못한다.[10]

그렇긴 해도, 히틀러는 라틴아메리카가 본받을 모범은 아니었다. 유스카디는 "가톨릭 세계에는 굴욕과 포기 이전에 그들의 신앙, 그들의 믿음, 백인의 홍조, 깨끗한 피와 같은 다른 무기들이 있다."고 주장했다. 그는 역사가 "반유대주의의 성전" 뒤에 있으며, 그것은 "종교의 바람에 휘둘리는 것이 아니라 수 세기에 걸친 문명의 견고한 울타리이며, 우리가 요람에서부터 어머니의 입술로 부드럽게 들어왔던 신념을 위한 싸움이었다. 이는 파충류의 비열한 짓거리 앞에서 보이는 사나이의 용맹함이다." 이러한 반유대주의적 거짓말을 믿는 사람들에게는 그보다 더 큰 위험은 없었다; "되든 안 되든, 가톨릭이 유대교를 짓밟거나 유대교가 가톨릭을 분쇄해 없애거나, 어느 쪽이든 우리는 우리의 비겁함과 약해진 신앙심으로 얼룩진 지난 두 세기로부터 위대함의 잔해를 끌어올 것이다."[11]

하지만 파시스트들은, 자신들의 진실이 그토록 강력하다면 어떻게 유대인들이 그것을 무너뜨릴 수 있다는 환상을 갖게 된 걸까? 아르헨티나 파시스트들은 프로이트와 정신분석학이 공산주의자, 메이슨, 유대인으로 구성된 반아르헨티나 동맹의 새로운 강력한 요소라고 믿었다. 필리포는 1930년대에 이 이데올로기적 담론의 중요한 대변자였다. 파시스트에게는 넘지 말아야 할 선이 있었으니, 유대인은 성적으로 비정상이지만 파시스트는 그렇지 않다는 것이었다. 필리포는 프로이트주의가 욕망을 정당화하고 합리화하는 것에 매우 문제가 많다고 생각했다.[12] 결국 그는 타락하기를 원하는 자아의 일부에 대해 "몽상적 자아 oneiric ego"라는 용어를 만들어 냈다. "내장과도 같이 의식이 없는, 열등한 부분의 자아".[13] 필리포 신부에게 이 "몽상적 자아"는 매개되지 않은 성적, 무의식적 조건에서 절대적으로 유대적이었던 반면, "의식적 자아"는 개인의 의지를 결정하는 능력에서 완전히 가톨릭적이고 아르헨티나적이었다.

따라서 필리포는, 리비도의 힘에 대한 믿음의 주창자로서 프로이트를 폭로하는 데 전념했다. 알버트 아인슈타인 Albert Einstein과 마찬가지로 유명한 정신분석학자인 프로이트는 "지배적 유물론"의 주요 인물로, 필리포에 따르면 무의식의 불안한 힘을 완전히 억압함으로써 국가와 가톨릭의 지배력을 약화시켰다.[14] 마찬가지로 많은 이탈리아 파시스트들은 정상 자아와 유대인 자아를 이분법으로 구분했다. 파시스트들의 입장에서 프로이트는 "리비도의 늪에 도덕성을 가라앉혔다."[15] 파시스트 저널리스트 알베르토 스파이니 Alberto Spaini는 "프로이트 타파"라는 제목의 징후적 기사에서 프로이트를 영혼의 불변성에 의문을 제기하는 거짓 "유대인 교황"이라고 표현했다. 무솔리니도 프로이트를 정신분석학의 "위대한 대제사장 Maximus pontiff"이라고 불렀다.[16]

영원한 진리에 대한 정신분석학의 공격을 묘사한 흥미로운 사례로는 레오나르도 카스텔라니가 자신의 필명인 '후안 팔메타Juan Palmetta'의 이름으로 아르헨티나 가톨릭 저널 '크리테리오Criterio'에 게재한 글이 있다. 이 신부는 프로이트의 정신분석학을 조롱했다. 카스텔라니의 음흉한 반대유대주의 유머는 이 파시스트 해석 공동체의 병적 혐오의 세계를 들여다볼 수 있게 해주는 좋은 예다. 카스텔라니에게 프로이트의 "범성애汎性愛, pansexuality"는 그가 "프로이트 성애학"이라고 이름 붙일 정도로 명백하고 거의 당연한 사실이었다. 그는 이것이 프로이트를 "성령"으로 하는 "해로운" 대안 종교라고 주장했다.[17]

프로이트가 영혼의 불변성과 자신들이 만들어 낸 진리에 의문을 제기하고 이를 자신의 신성한 진리로 대체한다는 생각은 파시스트들에게 참을 수 없는 것이었다. 그럼에도 그들이 프로이트와 그의 방식에 일정 정도는 동의하면서 관여하려 했다는 점은 주목할 만하다. 파시스트들은 프로이트의 무의식 이론은 자아의 신비로운 본성의 힘에 비추어 볼 때 설 자리가 없다고 강조했다. 그들은 의지를 영혼의 표현이자 진실의 생산자로 보았다. 파시스트들은 그들에게 무의식이 전체주의적 자발성의 기원이라면 프로이트에게 그것은 역사 바깥의 동물적 형태처럼 보이게 만들었다고 주장했다.

브라질의 살가두에게 프로이트 이론은 인위적인 자유주의의 과거, 즉 19세기에 속해 있었다. 그러나 이제 그것은 노동자들에게는 관심 없고 오직 "레닌주의 선동"에만 관심 있는 공산주의자들을 위한 이론이 되어버렸다. 그들은 "철학, 사회학, 정치의 주제에 관한 가장 위대한 참신함", 바로 "프로이트"를 발견했다고 "큰소리를 뻥뻥 치는", "진정한 부르주아들"이었다. 살가두는 프로이트 이론을 자신의 "통합주의"와 대조했는데, 그에 따르면 "통합주의는 20세기에 절대적으로 뿌리를 둔 개념"이었다. 프로이트의 정신분석과는 달리 브라질 파시즘은, "마카코 macacos*, 노예근성에 찌든 모방자, 수동적 납세자, 자신의 시대를 이해하지 못하는 개인 등은 이해할 수 없는 것이었다."[18] 파시스트의 시간에 대한 이해는 매우 직관적이었다. 파시즘에서 인종은 "직관"과 "무의식의 지능"을 통해 "드러났다." 정신분석학은 "원초적 고릴라의 난입" 같은 무의식 이론을 옹호했지만, 파시즘은 "원초적 삶의 의지"를 주장하며 지속해서 제시했다.[19]

정신분석학에 대한 파시스트의 공격은 근거도 없이 주체의 이름으로 행해졌다. 그것은 절대적 진리의 이름으로 자아를 길들이고 객관적 진실은 부정하는 것을 의미했다. 파시스트들은 정신분석학을 중대한 위험으로 보았다. 교회나 권위주의적 지도

---

* 늘보원숭이라는 뜻. 모자란 남자를 가리킬 때도 사용된다.

자가 명령한 영원한 진리의 질서로 민주주의를 거부하고 부르주아 질서의 소외를 긍정하는 데 아무런 거리낌이 없었기 때문이었다. 1944년 아도르노가 주시했듯, 이것이 바로 테러 잡지의 "파시스트 무의식"에 나타난 정신분석학에 대한 인식이었다.[20] 파시스트들은 프로이트 이론을 자기 소외의 한 형태로 해석하면서, "자신의 우월성을 자축하는 남성"을 옹호하는 동시에 "프로이트적 남성", 즉 리비도적 남성은 깎아내렸다. 전자가 우월한 남성성의 전형이라면, 후자들에게는 통제되지 않고 반성도 없는 성적 욕구만 널리 퍼져있었다. 많은 파시스트에게 정신분석은 파시스트 혁명의 기본 교리에 의문을 제기하면서 역사, 진실, 신화에 대한 사이비 이론을 제안했다. 파시스트들은 프로이트의 무의식 개념을 "정신의 모든 쓰레기가 모여있는 저장고"라며 질타했다. 그들에게 정신분석은 초월과 파괴에 대한 그들만의 신화를 가리키는 것이었다. 중요한 투사의 순간에, 파시스트 알폰소 페트루치Alfonso Petrucci는 "유대인 프로이트의 교리는 겉모습만 새로운 것이며 빛의 그것에 대항하는 지하 세계의 영원한 싸움의 부분일 뿐이다."라고 주장했다.[21]

파시스트들이 보기에 프로이트는 "파괴"만을 원했다. 반면 파시스트 혁명은 "파괴"와 "건설"을 결합했다. 파시스트 학자 도미니코 렌데Domenico Rende 교수는 프로이트의 무의식 이론이 "본질적으로 파시스트 교리에 반하는 것"이라고 했다. 렌데와 같은 파시스트들은 유대인만이 비정상적 행동의 주체가 될 수 있다는 반유대주의적 견해를 보였다. 정신분석은 질병의 결과지만, 파시즘은 유대인이 아니라면 그 정신분석가들을 "치료"할 수 있다는 것이었다.[22] 많은 파시스트 동료들이 이러한 입장에 동의했다. 예를 들어, 한때 프로이트의 제자였으나 정신분석에 반대하는 지적 저항 세력의 일원이었던 칼 융Carl Jung은 유대인의 정신은 통제되어야 하지만 '아리안'의 정신은 통제되면 안 된다고 믿었다. 융에게 유대인의 무의식은 문제가 있었던 반면, 아리안의 영혼은 자아 발견과 문명의 원천이었다. 그는 독일 파시즘이 그 "심연"을 깊이 파고들었다고 보았다.[23]

파시즘은 내부와 외부의 경계를 흐릿하게 만드는, 즉 마음의 내적 소망과 외부 세계 사이의 장벽을 허물기 위해 시도했다. 그것은 간단히 말해 현실 확인을 거부하는 것이었다. 파시스트들은 이 과정을 급진적인 역사적 주체성의 한 형태, 즉 극단적인 역사적 자발주의의 파시스트적 형태로 생각했다. 나치에게 있어 의지의 우위는 레니 리펜슈탈Leni Riefenstahl의 영화 〈의지의 승리〉 초반부에 악명 높게 묘사된 것처럼 어둠에서 빛으로, 중세적 환경에서 히틀러의 현대적 리더십으로 이어지는 신화적이고 역사적인 연속체를 포괄했다.[24] 나치즘과 파시즘의 국가에 대한 이해는 모두 신화적 요소로 가득 차 있었기에 종종 역사적 기록에서 벗어난 역사적 개념에 뿌리박고 있었다. 이탈리아 파시스트들에게 있어서, 로마는적어도 1938년 이탈리아 인종법 제정 이전에는 나치즘이 민족의 상상된 과거에서 발견한 것과 같은 신화적 차원을 차지했다.

역사학자 자울 프리트랜더Saul Friedlander의 주장처럼, "나치즘은 그럼에도 신성한 것, 악마적인 것, 원시적인 것, 다시 말해 신화의 힘에 대한 갈망을 끊임없이 불러일으키는 겉보기에는 의미 없어 보이는 이미지들을 동원했다."[25] 그러나 프로이트에게 신화가 무의식의 작용에 대한 은유로서 우화적으로 기능했다면, 파시즘은 신화를 영혼의 작용에 대한 이상적인 표현으로 문자화했다. 소렐은 이처럼 강력한 신화적 관념의 정치적, 분석적 차원을 강조했다.[26] 무솔리니와 히틀러는 한 걸음 더 나아갔다. 그들은 신화를 사용했을 뿐만 아니라 파시즘적 의미를 만들어 내는 행위의 원천이자 우월한 진리로 기꺼이 받아들였다.

9

민주주의와
독재

파시스트 거짓말의 핵심은, 독재가 가장 진실한 형태의 민주주의라는 것이었다. 다른 거짓말과 마찬가지로, 이러한 '진실'의 조작은 경험적 진실을 대체했다. 사실의 관점에서 볼 때 이러한 이데올로기의 결과는 결코 진실일 수 없었고 그저 거짓일 뿐이었다. 그럼에도 파시스트들은 자신들의 거짓말이 더 깊은 진실의 증거라고 믿었다. 그들은 명백한 증거는 거부하고, 지도자와 그들이 옹호하는 전체주의 이데올로기에 대한 거의 종교에 가까운 깊은 믿음으로 이를 대체했다. 이들에게 지도자와 이데올로기는 그들이 표방하는 것이 절대적인 진리라는 증거였다. 파시스트들은 그들의 거짓말에 진심이었다. 그들은 거짓말을 믿고 싶어 했고, 실제로 믿었다.

민주주의도 거짓말과 깊은 믿음을 결합하는 파시스트적 방식에서 예외는 아니었다. 파시스트들은 선거 제도가 국민의 욕구를 진정으로 표현하지 못한다고 믿었기에 기존의 민주주의는 거짓으로 규정했다. 오직 지도자만이 영원히 국민을 대표할 수 있다고 믿었다. 예상할 수 있는 것처럼, 히틀러는 다원적 민주주의^{즉,} 단일한 의지가 결여된 체제라는 태생적으로 잘못된 생각의 배후에도 유대인이 있다고 생각했다. 이런 불만을 고려해 보면 아이러니하게도, 그의 언급들은 오히려 모든 유대인을 하나의 통일된 의지력으로 뭉치게 했다. 히틀러는 유대인들의 계획이 단일 인물에 의한 것이라고 말했다. ; "이 단계에서 그의 궁극적인 목표는 '민주주의'의 승리, 즉 그가 이해하는 것처럼 의회주의의 통치이다." 이를 통해 유대인들은 "개인의 인격"을 "어리석은 대다수"로 대체할 것이었다. 히틀러는 자신의 의도와 욕망을 투영해 유대인이야말로 사악한 계획을 꾸미고 있다고 보았을 뿐만 아니라 유대인들은 사실 민주주의를 믿지 않고 독재정권의 수립을 원한다고 말했다. 그는 유대인들의 과격한 음모의 결과를 내다보면서, "이제 마지막 위대한 혁명이 시작된다."라고 썼다. "정치적 권력을 얻으면 유대인들은 그때까지 자신들을 가리고 있던 가면들을 벗어 던진다. '민주적 민족'이라는 유대인은 피의 유대인이 되고 민중 위에 군림하는 폭군이 된다. 몇 년 안에 그는 국가의 지식인들을 박멸하려고 시도하고 민족의 타고난 지적 리더십을 빼앗아 영원히 복종할 노예로 만든다."[1]

사실을 말하자면, 물론 파시스트들이 자유민주주의를 거부하고 독재로 대체했다. 파시스트들은 적을 말살시킬 계획도 세웠고, 나중에는 실제로 그렇게 했다. 이러한 교체는 이론적일 뿐만 아니라 실용적이었다. 파시스트들의 주장처럼 파시즘은, 기존의 민주적 삶에 그 자체로^{존재론적으로} 반대했다.[2] 파시즘은 폭력 충동을 현실로 바꿔 이를 진정한 자아의 적나라한 발산으로 보여주었다. 직접적인 언어나 비유로는 공유할 수 없는 무언가를 표현하는 한, 파시즘은 모호했다. 본성은 진리를 소유한 지도자를 향한 복종 행위를 통해서만 표현될 수 있었다.

미국에서 인도, 아르헨티나에서 일본에 이르기까지 파시스트들은 진정한 민주주의는 존재하지 않는다고 주장했다. 그들은 의회주의를 비난하면서 그것은 낡은 것이라거나, 공산주의로 인해 타락했다거나, 혹은 유대인의 음모라고 주장했다. 그러면서 그들은 자신들의 권위주의가 더 나은, 더 기능적이고 더 진정한 형태의 민주주의로 이어질 것이라는 생각을 만들어 냈다.[3] 중국 파시스트 블루셔츠는 기존의 민주주의가 "인민 민주주의의 토대를 마련할" 성공적 혁명 운동과 정반대로 대립한다고 주장했다.[4] 마찬가지로 스페인 파시스트들은 "민주주의의 낡은 거짓말"을 비난하면서 대중 주권을 "구원의 파시즘적 교리 및 절차"와 동일시했다.[5]

멕시코 파시스트 지식인 호세 바스콘셀로스는 진정한 근대적 민주주의는 존재한 적이 없다고 주장했다. 그는 사설에서 "당시의 주요 민족들이 중세 이탈리아나 스페인의 공화국처럼 선거의 자유가 아니라 민족의 열망과 고뇌 그리고 순진함과 불행을 착취해 온 유대 비밀결사의 마피아들에게 그들의 운명을 넘긴 날, 이미 민주주의는 땅에 파묻혔음을 돌멩이조차도 알고 있다. 우리는 민주주의는 본 적이 없지만, 제국주의적 음모나 고도의 금권정치는 볼 수 있었다."고 말했다. 바스콘셀로스는 진정한 민주주의의 부재는 나치 독일이야말로 라틴아메리카의 미래를 위한 최고의 권력임을 의미한다고 결론지었다. 히틀러와 마찬가지로 그는 유대인, 특히 미국 유대인이 파시즘의 진정한 적이라고 믿었으며, 그의 표현에 따르면, "그것들은 오늘날 미국에서 히틀러와 무솔리니의 해방적 전체주의에 맞서는 국제 금융 민주주의의 '성스러운 전쟁'을 설교하는 것과 마찬가지 것들"[6] 이라고 생각했다.

페루에서 파시스트들은 현존하는 민주주의가 "금권정치"를 낳았으며 "비례대표제"를 통해서만 이를 바로잡을 수 있다고 주장했고, 프랑스 파시스트들은 "완전체의", "전체주의적인", "민주주의"를 달성하려는 욕망으로 "정치적 민주주의"에 맞섰다.[7] 아르헨티나의 루고네스는 권위주의 통치란 본래 반정치적이라고 표현했다.[8] 루고네스는 "기능적 대표성"으로 불리는, 스스로 말하길 "비인격적 객관성"이라는 걸 내세우며 정부의 집합적 구조의 측면에서 선거 제도의 개혁을 주장했다. 루고네스는 기업과 직업 단체를 통해 보편적이지만 자격을 갖춘 이들에게만 투표할 수 있게 하는 기능적 대표성이 아르헨티나의 필요에 가장 적합한 국가주의 형태라고 주장했다. "조직 없는 다수 대중"들과 반대되는 바로 이들이 정치 시스템의 선거인이 될 것이었다. 루고네스는 평범한 정치와 자유민주주의를 동일시했다. 그는 ^{협동}조합주의[*] 체제를 선거 대의제에 대한 전 세계적인 파시즘적 반작용의 일부로 보았지만, 독재자라는 개인보다는 하나의 집단^{군대}이 최고 통치자가 되어야 한다고 생각했다는 점에서 이탈리아 파시즘과 차이가 있었다. 그는 국가란, 보통의 정치와 초월적으로 분리되어 있다고 생각했다. 이러한 신화적 차원은 국가의 "권위주의적 재편"에 대한 그의 주장의 뿌리였다.[9]

멕시코와 브라질의 파시스트들과 마찬가지로 루고네스는 자신이 제안한 조합주의 군사 국가를 세계 파시즘의 맥락에서 구성했다. 그에게 무솔리니는 "마키아벨리즘의 종합"이었다. 파시즘은 이탈리아 특유의 것이 아니라 "군사 민주주의"라는 보편

---

*   원서의 corporatism 을 이 책에서는 조합주의로 번역했다. 이탈리아 파시즘의 조합국가이론으로부터 도출된 용어이지만 지금은 여러 나라에서 저마다 조금씩 다르게 사용되고 있어 다소 혼동의 여지가 있지만, 이 책에서는 공산주의에 반대하면서도 국가와 밀접한 관계를 맺고 일정한 역할을 대행하는 집단지도체제를 의미한다.

적 방식을 대표했다. 루고네스가 보기에 국가의 "재집결 및 방어"는 이탈리아 파시즘의 기본 신조 중 하나로 보였다. 하지만 이는 광범위한 독재적 경향의 징후이기도 했다. 이탈리아 파시즘은 모범적이긴 했지만 따라야 할 모델은 아니었는데 그럼에도 루고네스에게 이탈리아의 조합주의적 현실은 매우 중요했다. 그가 보기에 무솔리니는 이탈리아를 "프롤레타리아와 서발턴subaltern*"의 국가로부터 "힘을 가진 자들의 국가"로 변화시켰기 때문이었다. 이 힘은 "새로운 유형의 국가 건설"을 위해 필요한 것들이었다.

루고네스는 파시즘을 자신이 원하는 식으로, 다시 말해 "민주적 독재"라고 생각했다.[10] 그의 생각에 파시즘은 아르헨티나 국가에 대해 자신이 제안한 군국주의적 조합주의 독재와 매우 유사해 보였고, 이는 곧 군사적 형태의 민주주의로 이어질 것이었다.[11] 반파시스트들이 단순히 무자비한 파시스트 독재만 목격한 반면, 많은 파시스트는 파시즘만이 진정한 민주주의라고 믿었다. 물론 이는 거짓말이었다. 하지만 파시스트들이 입헌 민주제를 대체할 대의제 형식을 만들어내려고 고군분투했다는 사실은 흥미롭다.

----

* 통상 하층민들을 지칭하는 말이지만, 이탈리아 사상가 그람시가 『옥중 노트』에서 이 말을 지배계급의 헤게모니에 종속되어 지배계급의 역사를 대신 수행하는 하층 민중을 나타내기 위해 사용했다.

권력과 진실을 지도자에게 위임하는 것이 핵심이었다. 하지만 이것만으로는 충분치 않았다. 파시스트들에게 조합주의는 정당화의 도구로서 독재와 대의제 사이의 모순을 효과적으로 해소할 수 있었다. 따라서 그들은 조합주의를 민주주의의 특징으로 제시했다. 자유롭고 보편적인 선거의 대표성은 더는 허용되지 않았다. 조합주의는 자유주의, 공산주의, 유대교 등 국가의 적으로 추정되는 세력으로부터의 방어를 위해 결정적인 문제였다. 민주주의는 아직 "유아기"에 있었고 파시즘은 그것을 성숙하게 만들 것이었다.[12]

대체로 파시스트들은 조합주의가 선거 주권은 아니더라도 대중 주권에 뿌리를 둔 독재적 대표성에 상당한 정당성을 제공한다고 믿었다. 즉, 파시스트들에게 진정한 민주주의는 사실상 조합주의 독재였다.[13] 전 세계 대부분의 파시스트가 조합주의를 권위주의적 형태의 민주주의이자 파시스트 형태의 독재와 동일시하는 정치 체제라는 데 동의했다. 그들은 지도자가 사회의 여러 부문을 중재하고 모든 국민이 독재적 행정 권력의 지시에 복종할 수 있는 유일하고도 진정한 정치적 대표 형태가 독재라고 생각했다.

조합주의는 양차 세계대전 사이에 자유민주주의에 대한 전 세계적 대응의 핵심이었다. 확실히 이 개념은 수 세기 동안 존재해 왔고, 반민주주의 진영에만 국한되거나 정치에서 파시스트의 진리 개념에 종속되기만 한 것은 아니었다.[14] 파시스트들은 이데올로기적 아이디어로서 조합주의를 자신들 이데올로기의 절대적인 진리와 결합했다. 조합주의는 많은 파시스트가 공산주의의 전조로 여겼던 자유민주주의에 대한 독재적 대안의 주요 부분이었다.

이러한 반자유주의적, 반공산주의적인 조합주의는 파시즘의 전 세계적 확산에 중요한 요소였다.[15] 조합주의 관행의 실제 적용에 대해서는 심각한 의혹이 있었지만, 파시즘 이데올로기 집단과 파시즘 정권 내에서 조합주의 사상의 중심적 역할에 이의를 제기하는 역사학자는 거의 없었다.[16]

1920년대부터 조합주의는 반자유주의 및 반공산주의 독재 정부 형태와 점점 더 동의어가 되었다. 이 시기에 무솔리니는 조합주의를 파시스트 이데올로기의 핵심으로 끌어들였다. 이는 "사회주의와 자유주의를 극복하는 새로운 종합"의 일부였다.[17] 무솔리니는 혼자가 아니었다. 자유주의와 사회주의 사이의 조합주의적 "제3의 길"은 파시즘 사상의 확산과 재구성을 위한 전 세계적 수단이 되었다. 파시스트 정권에게 조합주의는 주권적 정당성의 한 형태였으며, 독재자의 진정한 권위를 무시하지 않는 대표 체제를 확립했다. 이러한 상황에서 조합주의는 지도자의 최고 중재 아래 갈등을 규제하기 위한 이론을 제공했다. 비독재적 형태의 대의제에서는 조합주의가 국가를 이익 집단의 중재자로 인식했다면, 전체주의 조합주의하에서는 지도자와 국가 사이에 차이가 없었다. 이론적으로 조합주의는 독재자의 정당성을 확보하기 위해 이데올로기적으로 작동했다. 그것은 지도자에게 육화된 사람들의 힘의 진실을 보여주어야 했다. 그러나 실제로는 효과가 없었다.

파시스트 조합주의에는 민주적인 것이 없었다. 기본적으로 한 사람이 지배하고 다른 모든 사람은 복종해야 했다. 반파시스트들은 이를 명확히 이해했다. 1920년대에 유명한 법학자 한스 켈젠Hans Kelsen은 조합주의가 민주적 형태의 의회 대의제를 독재적 통치에 더 가까운 다른 형태로 대체했다고 썼다. 켈젠은 여전히 조합주의가 민주주의를 발전시킬 수 있다고 믿는 사람들에 반대했다. 또 실제로 그는 그 반대 사실을 입증했다. 조합주의는 민주적 헌법이 더는 자신과는 상관없다고 생각하는 사람들의 이익에만 부합했다. 권위주의적 지배에 대한 열망의 배후에는, 모든 직업 집단이 정부에 "유기적으로" 참여해야 한다는 기회주의적 요구가 있었다. 켈젠에게 조합주의는 잠재적으로 독재적이었지만 본질적으로 권위적이었다. 그것은 언제나 민주주의에 적대적이었다.[18]

반면 파시스트들에게 진정한 조합주의적 민주주의는 과거와 달라야 했다. 그러나 그들이 민주주의로 이해한 것이 다른 이들에게는 독재였다. 독재자들은 왜 독재를 민주주의로 표현하고 싶었을까? 그들은 실제로 자신들이 민주적이라고 믿었을까? 분명한 점은 그것이 파시스트들에게는 자신들의 이데올로기적 전제와 기대에 따라 만들어질 민주주의를 위해 필요했다는 것이다. 그 민주주의는 현실이 아닌 이데올로기적 명령에 뿌리를 두고 있었다. 지도자가 국민이 실제로 무엇을 원하는지 완전히 알고 있다면 진정한 민주주의도 가능했을 것이다. 그러나 그럴 수는 없었기 때문에, 독재는 민주주의로 탈바꿈했고 현재나 과거의 민주주의는 파괴되어야만 할 사악한 계획의 가짜 수단으로 보였다. 이데올로기적 진실의 이름으로 이를 쳐부숴야 했다. 그래서 스페인 독재자 프랑코는 민주주의에 대한 정의는 많지만 "진정한 민주주의"는 하나뿐이라고 주장했다.[19] "새로운 스페인에서는 민주주의의 전통이 보존될 것이고, 가능하다면 더 나아질 것"[20]이라고 말한 프랑코는 단순히 거짓말을 한 것일까? 그는 나중에 이렇게 말했다. "형식적 민주주의에 우리는 실질적 민주주의로 대항한다. … 우리의 민주주의는 국민의 욕망과 필요와 요구를 집결한다."[21]

전 세계적으로 파시스트들은 기존의 자유민주주의를 타락으로 규정하고 자의든 타의든 공산주의로 가는 문을 열어주는 것으로 간주했다. 칠레 국가사회주의운동^{칠레 나치스}의 지도자 호르헤

곤살레스Jorge Gonzalez von Marées는 칠레에는 "민주주의인 척"하는 것만 존재한다고 주장했다. 파시스트들은 "소비에트 독재의 뿌리를 먹여 살리고 강화"하는 민주주의를 파괴함으로써 "민주주의를 구할 것"이라고 주장했다. 칠레 파시스트들은 공산주의 독재정권과 달리 자신들이 "진정한 민주주의"를 원한다고 주장했다.[22]

파시스트들은 입헌 민주주의를 거짓으로 규정했다. 그들은 선거 제도가 대중의 주권을 표현할 수 있다는 것은 사실이 아니라고 믿었다. 이들에게 민주주의는 "환상"이었다.[23] 민주주의는 국가와 국민에 거짓말을 강요했다. 프랑스 파시스트의 지도자 장 르노Jean Renaud에게 민주적 의회는 대표자들이 "진짜 국가"와 멀어지는 곳이자, "진실에 대한 감각"을 잃게 되는 곳이었다.[24] 따라서 파시스트들이 보기에 의회 민주주의는 진실에 반하는 행위였다. 대중의 주권은 민주주의적으로 선출된 대표자를 통해서는 표현될 수 없었다. 게다가 파시스트들에게 민주적 선거는 진정한 대표성을 왜곡했다.

아르헨티나 독재자 호세 우리부루는, "대문자 D가 붙은 민주주의라는 단어는 더는 우리에게 의미가 없다. … 이는 우리가 민주주의자가 아니라는 뜻이 아니다. 오히려 언젠가 소문자로 된, 그러나 유기적이고 진실한 민주주의가 우리에게 그동안 큰 해를 끼친 일탈적 선동을 대체하기를 얼마나 진심으로 바라는지

를 의미한다."고 말했다.[25] 우리부루는 무엇보다도 반자유주의
자였다. 그는 조합주의적 형태의 국가 조직에 뿌리를 둔 독재적
형태의 "민주주의"를 원했다. 이 아르헨티나의 독재자는 자유
민주주의를 수명을 다한 것으로 평가했다. 그는 "정치의 마지막
이 보편적 참정권"이라고 믿는 사람들에게, "마치 태양 아래 새
로운 것이 없는 것처럼 … 12세기와 13세기에 이탈리아 코뮌에
위대함과 화려함을 가져다준 조합주의는 나중에 왕족의 지배력
이 커지면서 타락"했다고 경고했다. 우리부루는 파시즘을 오랜
전통의 새로운 실현이라고 보았다. "조합주의 연합은 파시즘이
새롭게 발견한 것이 아니라, 오랜 기간의 역사 속에서 그 결과
가 입증된 시스템의 부활을 정당화하는 현대적인 적응이다."[26]

파시즘에서 선거는 독재를 인정할 때만 유효했다. 50만 명의 저
항 세력을 학살하고 그만큼의 사람들을 망명길에 오르게 했던
스페인 내전이 끝난 뒤, 프랑코는 1947년 국민투표를 소집해 자
신을 종신 국가 원수로 확정했다. 프랑코는 이 수상쩍은 선거를
아주 "자유롭고 환영받는" 선거였다고 주장했다. 그의 결정적
인 거짓말은 독재와 자유가 양립할 수 있다는 주장이었다. 프랑
코에게 자신의 통치하에서는 자유가 불가능하리라고 주장하는
반파시스트들은 모두 거짓말쟁이들이었다. 적의 거짓말은 "꼭
진짜 같아서, 결국 반복의 힘을 통해 같은 거짓말을 만들어내고
계속해서 그들을 속였다. 우리의 승리는 그들을 압도했다. 하지

만 그렇다고 거대한 환상을 가져서는 안 된다. 악의는 용서할
수 없으며, 우리는 어떤 경우라도 끈질기게 우리의 진실을 기꺼
이 지켜야 한다."[27]

1938년 프랑코는, 스페인 민주주의를 향한 파시스트들의 죽음
을 각오한 공격이 "진실을 지키기 위한 주장"에 근거한 것이라
며 옹호했다. 파시스트 거짓말의 역사에서 프랑코의 위치는, 민
간인 공중 살상을 그대로 기록하며 파시즘을 비난해 유명해진
『게르니카』의 완성 직전에 독재자에 대한 강력한 에칭*이 담긴
작은 책자를 출판했던 반파시스트 예술가 파블로 피카소에서
벗어나지 못했다. 그 에칭의 일부는 앞으로 이어질 유명한 그
림들을 위한 피카소의 연구와 연관돼 있었다. 책의 제목은『프
랑코의 꿈과 거짓말』이었다. 피카소는 파시즘적이며 독재자의
형상으로 자행되는 거짓말과 폭력의 역할 및 프랑코가 보여주
는 독재적인 방법, 한편으로는 현실과 경험 사이의 관계를 정확
하게 파악했다.[28] 파시스트의 거짓말은 민주주의와 마찬가지로
자신의 삶도 공격당하고 파괴된 사람들의 현실과 고통에 자신
들의 추종자들이 관여하지 못하도록 막았다.

스페인 독재자는 많은 파시스트가 자기들의 거짓말이 진실하다

----

* 동판화에서 많이 쓰이는, 화학적 부식 작용을 이용한 기법

고 믿도록 만든 바로 그 메커니즘을 적들에게 그대로 투사했다. 물론 이는 파시스트 진실 조작의 역사에서 이후에도 계속 반복되는 패턴이다.

10

파괴의 힘

1928년 프랑스 파시스트 조르주 발루아^{Georges Valois}는 민주주의하
에서는 2 더하기 3이 5이지만 새로운 민족주의 정치의 시대에
서 2 더하기 3은 6이라고 썼다. 발루아의 말은 파시즘 아래서
는 시대를 초월한 진리가 논리적 진리를 대체할 것이라는 뜻이
었다. 그는 "부르주아들의 삶에서 2와 3을 합하면 5가 된다. 상
거래나 법률의 정신에 따르면 이는 논쟁의 여지가 없다. 그러나
민족주의적 삶에서 2와 3은 6이 된다. 영웅적 정신의 변화 덕분
이다."라고 설명했다.[1]

이러한 정신적 변화는 개인과 국가공동체 모두에 적용되었다.
파시스트 혁명은 계획에 따라 이루어지는 자아의 급진적 변화

를 의미했다. 파시즘하에서는 영웅적인 정치적 힘이 해방될 것이었다. 우리가 보았듯이 파시스트들은 자아실현의 프로젝트로 무의식을 찾아냈다. 본능에 대한 탐구는 무질서와 혼돈으로 이어질 수 있지만, 파시즘이라는 틀 안에서는 정치적 지배로 이어졌다. 파시스트 지식인 마시모 스칼리제로^{Massimo Scaligero}의 말처럼 파시즘은 "자아를 무의식적 퇴폐와 물질적 어둠의 영역으로부터 이미 모든 게 결정되고 의도적으로 구성된 절대적 현실의 빛으로 끌어내어" 자아에 "질서"를 부과해 주었다. 이러한 현실의 구축은 지도자의 이데올로기에 대한 순종 행위의 결과였다. 파시스트 지도자이자 교육부 장관이었던 주세페 보타이^{Giuseppe Bottai}는 무솔리니에게 보낸 개인 서한에서 "나는 지도자를 위해 나 자신의 의식을 바쳤다"고 말하면서 이러한 복종의 깊이를 보여 주었다. 파시스트는 그들만의 논리에 따르면, "신경증 환자들, 고상한 이들, 이기주의적 감상주의에 빠진 자들"과는 달랐다. 파시스트의 복종은 무의식의 내면세계를 파시즘의 절대적 의식의 질서로 "번역"하는 것을 의미했다. 그것은 힘차게 "자아를 향해 명령"하는 행위였다.[2]

마찬가지로 루고네스도 삶은 "힘의 법칙"에 의해 특징지어진다고 주장했다. 진실이란 힘의 결과였다. "진리는 형이상학적 실체, 즉 우리가 문화라고 부르는 인간 상태에 대한 다양한 정보에 대응하는 인간의 관념을 구성하며, 이러한 이유로 많은 종교와 철학이 존재했고 앞으로도 존재할 것이다."라고 주장하면서도, 루고네스는 상대주의자가 아니었다. 그는 이 모든 "'종교와 철학'이 '지배 본능'에 종속된 것"으로 보았다. "조국은 인간의 본질적인 위계질서를 확립하려는 본능의 결과였다. 따라서 그것은 '자연의 역사 속 한 현상'이었다". 루고네스는 자신의 정치적 현실주의를 "힘이라는 개념"의 발산으로 이해했다. 그 한계는 "정치를 강요할 수 있는 능력"과 같았다. 루고네스가 보기에 로마 제국에서는 이 "정치적 현실"이 작동하고 있었다. 다른 사람들을 지배하려는 의지로서의 힘은 "주권의 역동적 표현"이었다.[3]

파시즘은 무의식을 탐구하여 그것을 정치로 전환하고, 폭력과 진정성의 근본적 원천을 위해 싸우려는 의지를 요구했다. 정치에서 폭력적 욕망의 역할에 대한 파시스트의 집착은 프로이트의 마음을 사로잡았고 그의 무의식 이론에 큰 변화를 촉발했다. 파시스트가 개인주의적 정신분석에서 리비도의 위험성을 강조했지만, 프로이트에게 리비도는 실제로는 무의식의 해로운 힘, 프로이트의 말에 따르면 "파괴 본능"에 반대되는 것이었다. 정확히 말하면, 프로이트는 파시즘 시기에 타나토스^{죽음과 파괴의 충동}가 에로스와 비교할 수 없이 우월한 자율성을 갖게 되었다고 봤다. 이전에는 에로스와 타나토스가 어느 정도 균형을 이루며 함께 작용했다면, 파시즘이 이 약한 균형을 깨버렸음을 의미했다. 프로이트 이론을 영어로 번역한 제임스 스트레이치^{James Strachey}에 따르면, 프로이트가 자율성의 증가를 "인간의 공격성과 자기 파괴 본능" 때문이라고 본 것은 파시즘, 특히 히틀러의 행동 때문이었다.

프로이트는 1930년, 영향력 있는 저서『문명 속의 불만』에서 정치적 폭력의 돌출이 점점 증가하고 있으며, 극도로 비관적인 용어라고 생각했던 '지배'가 진행되고 있음을 강조했다. 그는 "인간은 자연의 힘을 통제할 수 있게 되었고, 그 도움으로 최후의 인간까지 서로를 멸종시키는 데 아무런 어려움이 없을 정도"라고 썼다. 1931년 프로이트는 이전 단락의 본문 마지막에 딱 한 문장을 추가했다. 파괴에 맞서 승리하려는 에로스 그 자체의 역량에 대해 "그러나 무엇이 성공하고 어떤 결과로 이어질지 누가 예측할 수 있는가?"라고 물었다.[4] 그는 이 질문이 우울한 레토릭이라고 생각했다. 1936년에 사적인 편지에서 그는, "세계가 빠른 속도로 파괴될 운명에 처했을 만큼 너무 애처롭다."라고 썼다.[5] 1933년, 빈을 떠나 부에노스아이레스에 정착하라는 초대에 대한 답장에서 프로이트는 나치즘을 "독일의 수치"라고 묘사했다. 더 전반적으로 그는 파시즘을 무지막지한 "교육"과 동일시했다. 파시즘은 "선사시대의 야만성을 제외한 모든 것으로의 퇴행"을 의미했다.[6]

파시즘은 정치적 지배에 대한 마음속으로부터의 욕망을 억압하려는 이성의 시도를 혐오했다. 이런 의미에서 파시즘은 프로이트의 무의식 이론은 물론 한나 아렌트, 호세 카를로스 마리아테기 José Carlos Mariátegui, 테오도르 아도르노, 막스 호르크하이머, 에른스트 카시러 Ernst Cassirer, 호르헤 루이스 보르헤스를 비롯한 다른 많은 현대 반파시스트들의 비판적 주장에 직관적이고 거의 변증법적으로 대항했다.[7] 이런 맥락에서 파시즘의 비판 이론에 대한 저항은 본질적으로 이성에 대한 반사적 반응의 일부였다고 주장할 수도 있다. 이러한 저항은 자아에 대한 정치적 환상과 집단 내에서의 그 종속적 역할에서 비롯되는 것으로, 파시즘을 고려하고 있던 안토니오 그람시가 정치적 맥락에서 신비주의와 성스러운 것의 중요성을 지적한 것과 관련 있었다.[8]

아도르노는 "파시스트 정신"의 심리적 기반에서 파괴가 얼마나 중심을 차지하고 있는지 주목하면서 그람시의 의견에 동의했다. 파시스트의 체계는 "추상적이고 모호한" 반면, 파시스트의 실현은 거짓과 환상이었다. 파시즘은 심오한 고대의 뿌리를 가지고 있었다. 파시즘은 기독교 교리를 "정치적 폭력"이라는 슬로건으로 "조잡하게" 변형한 것이었다. 여기에는 계시, 희생적 사고, 모방, 투사가 포함되었다. 아도르노는 여기서 지도자와 추종자를 구분했다. 그는 전자는 종종 자신의 신앙심과 신념을 날조하는 반면, 후자는 스스로 거짓말에 속아 넘어간다고 주장했다. 그들은 파시스트 지도자의 압도적인 자아를 그저 종교적으로 믿고 싶을 뿐이었다. 지도자는 간접적 방식으로 추종자들과 함께 자신의 "근본적 정체성"을 확인했다. 그런 다음 아도르노는 "프로이트가 의식과 무의식 사이의 상호작용에서 암시에 부여한 역할"을 언급했다. 지도자는 자신의 욕망을 적과 추종자 모두에게 똑같이 투영했다. 지도자의 주요 목표는 결국 추종자들의 억압된 파괴적 욕망을 충족시켜 주는 것이었다.[9]

파시즘의 부상^{浮上}에는 욕망과 파괴^{그리고 파괴에 대한 열망}가 필수였다. 페루의 반파시스트 사상가 마리아테기는 무솔리니가 파시즘을 만들어 낸 것이 아니라, "감정의 상태에서 정치적 운동을 추출"했을 뿐이라고 말했다. 그는 어떻게 무솔리니가 사회주의에서처럼 파시즘에 대한 확신을 가질 수 있었는지 궁금했다. "하나의 교리에서 다른 교리로 전환하는 과정의 메커니즘은 무엇이었을까? 그것은 지적 현상이 아니었다. 비이성적 현상이었다. 이러한 이데올로기적 태도 변화의 원동력은 사상이 아니라 감정이었다."[10]

사실 무솔리니는 1914년 초에 이미 "새로운 진리"를 따라야 할 필요성 때문에 사회주의를 떠난다고 밝혔다. 미래의 지도자는 이 신성한 진리를 폭력과 동일시했다.[11] 마리아테기는 무솔리니가 의식적으로 사회주의를 버리고 파시스트의 "폭력 숭배"를 받아들이기로 결심했다는 데 동의했다. 그러나 마리아테기는 이 새로운 정치가 개인적 진화의 결과라고는 믿지 않았다. 무솔리니의 새로운 신앙은 그의 추종자들에 의해 좌우되었다. 추종자들은 그에게 어떤 나름의 현실을 기대했고, 그는 그것을 실현했다. "그의 이데올로기적 공존"은 파시스트 추종자들의 기대와 동일시하기로 한 결정의 결과였다.[12]

최종적으로 그람시, 아도르노, 마리아테기는 아렌트나 다른 학자들과 마찬가지로 파시스트들이 자신들이 하는 말을 진심으로, 이성적으로 의도했다고는 믿으려 하지 않았다. 그러나 파시즘은 무의식의 정치적 역할에 근거한 "자아 이론"을 정립했다. 파시즘은 무의식에서 의식으로 넘어가는 이 과정을 초월적 진리의 발견과 동일시했다. 아도르노에게 이러한 진리 개념은 현실의 물신화와 확립된 권력관계에 이중으로 뿌리를 두고 있었다. 파시즘은 옳은 것을 해방에 대한 구원 개념과 동일시했다. 지도자는 "끔찍한 것들과 훌륭한 것들의 결합"을 꿈꿨다. 그 결과 적의 죽음과 파괴뿐만 아니라 자기 자신도 파괴되었다. 파시즘의 구조는 "자기 소멸에 대한 무의식적인 심리적 욕망"에 내재되어 있었다. 아도르노는 독자들에게 히틀러의 연설이 "성의 없는 것"이지만 교양 있는 사람들이 이를 진지하게 받아들이지 않고 그저 가짜라며 무시하는 것은 잘못이라고 경고했다.[13] 아렌트 또한 파시즘의 암시적 차원을 강조했다. 나치의 거짓말은 "속기 쉬운 유럽인들"이 잘 믿을 만한 "어떤 근본적 진실을 암

시"했고, 그들을 "파괴 그 자체"의 "대혼돈"으로 이끌었다.[14]

많은 반파시스트가 파시즘을 우스꽝스러운 격세유전 ^{Atavism} *을 흉내 내려는 것으로 묘사했지만, 파시스트들은 자아의 고풍스러운 차원을 찾으려 했다. 그들은 자기 안에서 진실의 원초적 핵을 보았다. 보르헤스가 양차 세계대전 사이 파시즘에 대한 비판적 분석에서 강조한 내용이다. 그는 또한 파시즘을 "감정적"이라고 보았지만 한발 더 나아갔다. 파시즘은 불가능하게도 야만인이 되기 위해 연구하는 정치적 주체들의 집합체였다. 파시즘은 새로운 "도덕성"을 확립하려고 했다. 지도자에 대한 전폭적인 신뢰, 즉 "권위적 지도자에 대한 맹목적 숭배"는 파시스트들이 주술과 총체적 폭력의 구현을 믿도록 만들었다. 1938년 보르헤스는 "파시즘은 영혼의 상태다. 사실, 파시즘은 전향한 추종자들에게 모든 사람이 가지고 있는 특정한 애국심과 인종적 편견을 과장하는 것 이상을 요구하지 않는다."라고 주장했다.[15] 파시스트들은 이성을 버리고 편견으로 돌아가기를 원했다. 보르헤스는 파시스트들이 이성의 정반대에 해당하는 사고방식을 갖고 있었다고 강조했다. 그는 그것을 "기괴한 이성"이라고 불렀다. 이 "이성"은 내면의 자아 표현에 그 권위를 두고자 했지

---

* 생물학에서 조상의 유전적 형질이 이전 세대들의 진화적 변화를 통해 소실되었다가 다시 나타나는 현상을 말한다.

만, 사실 파시즘은 스스로를 "충동적이고 비논리적"으로 나타낼 수밖에 없었다.[16] 주지하다시피, 억압된 자의 파시스트로의 회귀는 의식적인 행위였다. 실제로 직관적으로 발생하는 것과는 거리가 먼 파시스트의 자기 몰입은 파괴의 교리로 이어졌다. 파시스트의 자의식은 권력, 진실, 그리고 폭력의 균형으로 이어졌다.

파시스트의 핵심 개념으로 여겨지는 자의식은, 진정한 주권에 대해 사람들이 그동안 원해오던 주장이 담겨있는 것이었다. 무솔리니는 1925년 발표한 논문에서, 파시즘에서 평범하기만 했던 대중은 "의식 있는 국민"이 되었다고 설명하며 이를 명확히 했다. 그에게 이것은 "역사의 진실이 이탈리아인의 의식적 정신의 빵이 되는 순간"이었다.[17] 이 지점에서 역사는 신화로 바뀌었고 그 목표는 입증 가능한 진실의 흔적을 없애버리는 것이었다.

에필로그

포퓰리스트들의
역사에 대한 전쟁

아르헨티나에서 회고록을 쓰든 예루살렘에서 쓰든, 경찰 조사관에게 말하든 법정에서 말하든, 그는 언제나 똑같은 단어와 표현으로 똑같은 내용을 말했다. 그의 말을 오래 들을수록 그의 말하기 무능력이 사고의 무능력, 다시 말해 다른 사람의 입장에서 생각해 볼 수 있는 능력의 부재와 밀접하게 관련되었음이 분명해졌다. 그와는 어떤 소통도 불가능했다. 그가 거짓말을 해서가 아니라 타인의 존재와 말에 맞서는 가장 믿을 수 있는 안전장치, 즉 현실에 대한 안전장치에 둘러싸여 있었기 때문이다.

한나 아렌트, 〈예루살렘의 아이히만〉

수십 년 동안 포퓰리스트 지도자들은 문자 그대로의 역사적 기록을 파괴하고 파시즘 희생자들의 기억과 경험을 가지고 자신의 정치적 이득을 위해 장난쳐 왔다. 그들의 행동은 거짓과 진실을 혼동하게 하는 더 뿌리 깊은 방식의 일부이다. 2016년 트럼프주의의 부상은 새로울 게 거의 없다는 게 드러났지만, 그럼에도 포퓰리즘이 지구상 가장 강력한 국가를 지배하게 되었다는 사실은 이 문제에 전면적으로 주목하게 했다. 워싱턴포스트에 따르면 트럼프 대통령의 거짓말 기록은 다른 정치인들과는 급이 달랐다. 이 신문은 "거짓말이 ^{거의} 공식적이다. 미국 대통령은 거짓말쟁이다."라고 표현했다. 좀 더 외교적인 측면에서 뉴욕타임스는 "트럼프 대통령에 대한 하나의 진실이 있다. ; 그에 대해 나쁘게 말하는 뉴스는, 그가 달리 말하기 전까지는 가짜라는 것이다." 트럼프에 대한 많은 비평가가 트럼프의 거짓말이 조지 오웰[George Orwell]의 소설 『1984』의 수준까지 도달할 것인지 궁금해했다.[1] 오웰의 이 소설에는 다음과 같은 말이 나온다. "당은 눈으로 보고 귀로 들은 증거를 거부하라고 말했다. 그것이 그들의 마지막이자 가장 본질적인 명령이었다."[2]

이 문학적 차원의 트럼프주의에 대한 설명은, 지금까지 이 책에서 분석한 파시스트 거짓말의 역사와 지금 우리 시대 사이의 연관성을 조명한다. 트럼프주의는 이미 정치적 거짓말의 역사에서 탁월한 지점에 도달했다. 더 구체적으로 말하자면, 그것은 양차 세계대전 사이의 파시즘과 현대 포퓰리즘을 잇는 긴 역사의 새로운 장을 보여주고 있다. 트럼프주의는 지도자의 통찰력과 욕망에 의존하는 "진실", 즉 대안적 진실의 조작이라는 오랜 역사의 일부임이 분명하다.

무솔리니와 히틀러가 진실을 지도자의 무오류성과 혼동한 것과 마찬가지로 트럼프주의는 운동의 주역이 신성한 본성을 구현한 사람, 즉 다른 어떤 사람과도 구분되는 사람이어야 한다는 생각을 받아들였다. 트럼프 스스로 오만하게 말했듯, 그는 "정말 잘생기고 똑똑한, 진정으로 안정감 있는 천재"였을 뿐만 아니라, 백악관 공보 비서 사라 샌더스[Sarah Sanders]의 말처럼 신의 손길이었다. 그녀는 "신은 우리 모두를 각기 다른 시기에 다른 역할을 맡으라고 부르시는데, 도널드 트럼프^{Donald Trump}에게는 대통령이 되기를 원하셨고 그것이 그가 대통령 자리에 있는 이유라고 생각한다."고 말했다. 트럼프는 합법성, 국가, 신과의 관계를 주장하면서 자신의 정치를 종교적 명령과 동일시 했다. ; "우리의 권리는 인간들로부터 부여된 것이 아니라 창조주로부터 부여받은 것이다. … 그 무엇도, 지상의 어떤 힘도 그 권리를 빼앗을 수는 없다." 미국의 유대인들은 미국에 대한 충성심이 없다고 한 반유대주의적 비유는, 트럼프가 인터뷰에서 민주당에 투표하는 유대인들이 "완전히 아는 게 없거나 어마어마한 배신"을 하고 있다고 주장하면서 다시 언급되었다. 이 논리에 따르면 미국의 유대인들은 지도자의 진실을 무시하거나 배신함으로써 종교적, 정치적 측면에서 모두 불충실하다는 것이었다. 나중에 그는 트위터에서 한 우익 음모론자가 이스라엘인은 "트럼프를 신의 재림처럼 사랑한다"고 주장한 것에 대해 감사를 표하며 자신의 입장을 두 배로 강화했다. 트럼프주의에서는 신과 트럼프를 신으로 은유하는 것이 혼동되었다. 트럼프는 신에 관한 질문을 받으면 주님과 함께 자신의 인격, 비즈니스 거래, 리더십을 찬양하는 것으로 응답했다. 더욱 직접적으로 트럼프의 선거 매니저는 신이 나라를 구하기 위해 대통령을 보냈다고 말했다.[3] 파시스트가 그랬던 것처럼 지도자와 신의 융합은 트럼프주의자들에게 하나의 종교적 조항이 되었다.

무솔리니는 가장 사악한 거짓말을 하기 위해 신성한 영감이라는 개념에 의존했다. 앞서 살펴본 것처럼 파시스트의 선전·선동은 파시스트 지도자가 항상 옳다고 주장했다. 히틀러는 자신의 천재성 외에는 영감의 원천을 거의 인정하지 않았지만, 교황을 모델로 삼은 인물로서 신과의 연관성을 더욱 노골적으로 드러냈다. 총통은 "이로써 나는 나 자신과 당 지도부의 후계자들을 위해 정치적 무오류성을 주장한다. 나는 세계가 교황의 주장에 익숙해지듯이 이 주장에 익숙해지기를 바란다."고 역설했다.[4]

히틀러를 살아있는 신화로 만든 선전의 대가 괴벨스는 실제로 히틀러가 "천재"이며 독일을 구하기 위해 신이 보냈다고 믿었다. 파시스트 선전은 그들만의 성공의 증거를 퍼뜨리고 심지어 만들어 내기도 했다. 심지어 괴벨스의 "사후에 출판될 사적인 일기조차도 그의 성공에 대한 기록의 일부를 구성하기 위한 것이었다."[5] 증거 자료와 위조문서 사이에는 차이가 없었다. 나치의 선전은 히틀러가 하늘에서 내려온 신이라는, 말 그대로 아무도 증명할 수 없는 신화를 만들어 냈다. 하지만 나치는 이를 문자 그대로 생각하지는 않았다. 다른 사람들과 마찬가지로 그들도 지도자가 비행기를 타고 착륙했다는 것은 알 수 있었다. 그럼에도 그들에게 히틀러의 강림은 이데올로기의 궁극적 진리에서 비롯된 은유였고 그들은 그것의 현실성을 믿었다. 〈의지의 승리〉와 같은 영화에서든, 국가 선전물에서든, 히틀러의 이미지는 증거가 필요 없는 진실 즉 신앙의 은유였다.

트럼프주의의 포퓰리즘 세계는 무오류, 진리, 신의 파시스트적 융합에서 얼마나 멀리 떨어져 있을까? 사실 많은 미국인이 트럼프의 선거인단 승리를 하나님의 역사役事라고 믿었다. 트럼프의 기독교 지지자 중 한 명이 주장했듯이, "수백만 명의 미국인이 ... 트럼프 대통령의 당선은 신이 우리에게 또 다른 기회, 즉 미국을 진정으로 다시 위대하게 만들 수 있는make America great again 마지막 기회를 주신 것이라고 믿는다."[6] 트럼프 스스로도 자신에 대한 신화를 믿는 듯했다. 그는 자신의 "위대하고 타의 추종을 불허하는 지혜"를 믿었다. 그는 결코 틀릴 수 없었다. 대표적으로 2019년 러시아와 베네수엘라 관련 거짓말에 대해 질문받았을 때, 트럼프는 지금의 현실이 자신의 발언과 일치하지 않더라도 머지않아 진실이 될 것이라고 답했다. 그의 추론은 어떤 종류의 경험적 증거에 의존한 것이 아니라 자신의 타고난 절대적 신뢰성에 대한 믿음에 근거한 것이었다. 백악관 집무실에서 기자들과 논쟁을 벌이던 트럼프는 "글쎄, 누가 옳은지 두고 봅시다."라고 하면서 기자들에게 말했다. "당신은 당신이 무엇을 할 것인지 알고 있습니까? 결국에는 누가 옳은지 알게 될 겁니다. 그냥 지켜봐요. 알겠죠? 누가 옳은지 알게 될 거예요. 결국에는 언제나 제가 옳아요."[7]

지도자가 직접적이고 의심의 여지 없는 목소리로 진실을 대변한다는 생각은, 기존 미디어가 거짓말 외에는 대중에게 제공할 것이 없다는 환상과 맞물려 작동한다. 선거나 여론조사 결과가 마음에 들지 않을 때마다 그것은 조작된 조사라고 주장하는 식의 거짓말은, 트럼프주의 거짓말의 역사에서 결정적이었다.

2016년 대선 후보였던 도널드 트럼프는 선거에서 패배한다면 그 결과에 승복하지 않겠다고 선언했다. 대선 승리 후 트럼프는 힐러리 클린턴^{Hillary Clinton}이 여러 차례에 걸쳐 불법 투표를 통해 승리했다고 주장했지만, 증거가 없는 주장이었다. 한 전 백악관 변호사는, "트럼프가 펜스^{Michael Richard Pence} 부통령 및 크리스 코백 ^{Kris Kobach} 캔자스주 국무장관을 공동 위원장으로 한 위원회를 설립해 유권자 사기를 조사했지만, 불법 투표의 증거를 찾지 못하고 위원 중 한 명이 불법 활동 혐의로 고소당하자 위원회를 돌연 해체했다."고 설명했다.[8] 트럼프는 매사추세츠의 진보적 유권자들이 저지른 사기 때문에 뉴햄프셔에서 패배했다고 거짓말했다. 그는 자신의 대선 운동과 러시아 간의 연관성에 대해서도 거짓말했다.

그러나 가장 명백한 거짓말은, 그의 승리가 역사적 본질이라는 주장일 것이다. 그는 "민주당은 … 미국의 정치 역사상 가장 큰 패배를 당했다"고 주장했다. 하지만 미국 공영방송 NPR이 보도한 바와 같이, 트럼프 승리의 역사적 성격^{그리고 민주당의 패배}에 대한 트럼프의 주장은 실제 결과와 모순된다. ; "트럼프는 클린턴의

232명에 비해 306명의 선거인단을 확보했다. … 그러나 58번 중 37번의 경선에서 트럼프가 더 많은 선거인단을 확보했다는 점을 고려하면 이것이 역사적 비율로 볼 때 압승이라고 주장하기는 어렵다."[9] 역사에 대한 거짓말은 트럼프의 진실을 구축하는 핵심이 되었다.

트럼프는 선거 관련 이슈에 왜 그토록 집착하고 수없이 많은 거짓말을 반복했을까? 역사적으로 포퓰리즘은 선거를 지도자의 이데올로기적 진실에 대한 대중의 확인 절차 정도로 바꿔놓았다. 포퓰리즘은 승리하고 나면 선출된 지도자가 국민을 사칭하고 유일하게 진정한 대표자인 것처럼 거짓 주장을 펼친다. 선거는 포퓰리스트 지도자의 주권을 확인하는 역할을 하기에 정당화의 본질적 요소를 구성한다. 이런 의미에서 포퓰리즘은 의미 있는 선거가 존재하지 않는 파시즘과는 매우 다르다.[10]

*

파시즘과 포퓰리즘은 모두 합법성의 주요 근거인 지도자, 국가, 국민이라는 정치적 삼위일체 개념에 호소한다. 두 형태 모두에서 국민, 국가, 그리고 지도자의 인격에 담긴 국민의 대표성이 강조되고 이들 사이에는 모순이 없다. 이 이데올로기들은 대표성의 인격화를 믿었고, 이는 사실상 국민의 뜻을 실현하는 것이

지도자에게 전적으로 위임되었음을 의미한다. 이 세 가지로 구성된 대표성의 신화는 한 명의 지도자가 국가와 국민과 같은 것이라는, 즉 한 사람과 두 개념의 동일시라는 환상에 기초한다. 그러나 파시즘에서 이러한 인격화는 선거의 대표성과 같은 이성적이고도 절차적인 중재가 필요 없다.[11] 반대로 포퓰리즘에서 선거는 지도자에게 신성한 지배권이 있다는 진실을 확인하기 위해 중요하고, 이런 거짓말을 퍼뜨리는 것은 지도자가 역사에서 자신의 위치를 유지하는 데 중요한 부분이다.

포퓰리스트 지도자는 국민 선거에서 승리함으로써 자신이 가진 권력의 이중성을 확인한다. 그는 선출된 대표이면서 동시에 국민을 거의 초월한 지도자다. 페론Juan Domingo Perón은 "국민은 지도자가 탄생하는 것임을 알아야 한다. 그는 법적 명령이나 선거에 의해 만들어지는 것이 아니다."라고 자주 말했다. 그는 "지도자는 자신만의 틀을 찾아내고, 이후에 하나님으로부터 받은 사무엘의 성스러운 기름으로 그것과 직접적 관련이 있는 내용을 자신의 능력에 따라 채우는 것이 필수적이다."라고 덧붙였다.[12] 불멸의 화신이라는 생각은 파시즘으로부터 비롯되어 포퓰리즘에서 지도자의 무오류성을 선포하는 데까지 이르렀으며 심지어 지도자의 선택이 국가를 위한 마지막 기회라는 생각으로까지 이어졌다. 국가와 국민에 대한 이러한 시급하고도 절박한 위험성은 지도자가 우방 및 적의 입장과 군사 전략을 상대방의 의

도에 투영한 결과이다. 당시 트럼프 후보는 곧 있을 2016년 대선을 언급하며 "적들에게 이것은 전쟁이며, 그들에게는 모든 것이 허용된다. 이것은 우리 국가의 생존을 위한 투쟁이며 11월 8일이 이 나라를 구할 수 있는 마지막 기회가 될 것이다."라고 했다. 트럼프는 자신의 추종자들에게 자신의 당선은 "우리의 독립 기념일"이라고 말했다. 페론도 마찬가지로 1946년 자신의 당선을 두 번째 "독립"으로 규정하면서, "신이 아르헨티나 국민의 독립과 자유를 위해 나를 이 땅에 세웠다."고 주장했다. 그는 또한 자신의 리더십을 자신처럼 민중의 지휘자였던 오랜 군사 정복자들의 역사와 동일시했다; "알렉산더, 율리우스 시저, 프레데릭, 또는 나폴레옹의 사례를 통해 세계의 역사는 국민을 고양하고 인도할 줄 아는 자들이 승리를 거둬왔음을 보여준다."[13]

1945년 이후 현대 포퓰리즘이 파시즘을 민주주의적 방식으로 재정의하여 권력을 획득했다면, 현대 우파의 새로운 포퓰리스트들은 역사를 파괴하고 이를 무오류 지도자의 신화로 대체하려는 파시스트의 꿈에 가까워지고 있다. 초기 포퓰리스트 지도자들은 파시스트들이 그랬던 것처럼 역사적 기록을 근본적으로 뜯어고치는 것에 약간의 망설임이 있었다. 하지만 이 새로운 세기의 우파 포퓰리스트들에게는 상황이 달라졌다. 그들은 특히 파시즘 자체의 역사와 연결하여 자신들의 역사를 거꾸로 다시 설계하고 있다.

일반적으로 파시스트 역사, 특히 나치 역사에 대한 왜곡은 포 퓰리즘이라는 새로운 유형의 근본적 특징이다. 네타냐후Benjamin Netanyahu 이스라엘 총리는 때때로 이스라엘과 해외의 인종차별주 의 및 외국인 혐오 정당과 연합하여 홀로코스트 역사를 자신의 정치적 이익에 맞게 왜곡했으며, 가장 최근에는 유럽 유대인 학 살의 핵심 인물이 전쟁 중 친나치였던 '팔레스타인' 지도자였다 고 주장하기도 했다. 네타냐후에 따르면 1941년 아돌프 히틀러 는 이슬람 법학 전문가에게 "저들을 어떻게 해야 하는가?"라고 물었다; 전문가는 "그들을 불태우라"고 답했다지만,[14] 이런 대 화가 실제로 이루어졌다는 증거는 없다. 마찬가지로 미국의 독 재자랄 수 있는 도널드 트럼프는 적들이 게슈타포 전술을 채택 한 것으로 추정된다며 비난하면서도, "반파시스트"들을 공격하 고 심지어는 신나치neo-Nazis들 사이에도 "선한 사람들"은 있다고 주장했다.[15]

포퓰리스트 지도자들이 나치즘과 파시즘의 실제 역사를 용서하 거나 왜곡하거나 대체하려는 이유는 무엇일까? 파시즘의 이데 올로기, 수사학, 전술의 샘물을 먹고 나온 이 지도자들이 자신 들의 정치를 정상화하기 위해서는 파시즘의 역사를 무효화해야 하기 때문이다. 파시즘 역사에 대한 교정은 파시즘을 역사라기 보다 신화가 되도록 하면서, 과거의 파시즘이 그렇게 나쁘지만 은 않았다거나 아예 파시즘이 아니었다는 식으로 만든다. 물론

이는 거짓말이다.

따라서 역사를 다시 쓰는 것은 포퓰리즘 프로젝트의 핵심이다. 브라질의 보우소나루 대통령은 나치 과거사뿐만 아니라 자국의 역사에 대해서도 이러한 작업을 진행하고 있다. 정치적 폭력을 옹호하고 대통령 권한을 확대하려는 보우소나루의 욕망에 대해 우려하는 사람들에게, 브라질의 독재적 과거를 미화하려는 그의 움직임은 포퓰리스트들이 역사에 대해 더 큰 거짓말을 하려는 조짐으로써 매우 심각한 문제가 되었다.

2019년에 보우소나루는 브라질 역사상 가장 잔혹했던 군사 독재를 초래한 1964년의 쿠데타를 공식적으로 기념하고 싶었다. 게다가 그는 이 쿠데타가 브라질에 민주주의를 확립했다고 거짓으로 주장했고, 심지어 실제로는 독재가 아니었다고까지 주장했다. 2018년 보우소나루는 헝가리의 독재적이고 인종차별적인 포퓰리스트 지도자 빅토르 오르반Viktor Orban과의 대화에서 브라질 국민은 독재가 무엇인지 모른다고 주장하며 1964년부터 1985년까지 브라질을 통치한 군사정권을 그런 식으로 분류할 수는 없다고 말했다. 이러한 시도는 파시스트 독재야말로 진정한 형태의 민주주의라는 파시스트의 고전적 거짓말과 다르지 않았다. 파시즘의 거짓말을 파헤쳐온 역사학자들, 권위주의 정권을 연구해온 브라질 역사학자들은 그 반대의 결과를 보여주었다. 브라질 진실위원회에 따르면 보우소나루가 기념하고자 했던 브라질 독재정권은 무엇보다도 반대파 434명의 사망과 실종, 8,000명 이상의 원주민 대학살에 대한 책임이 있었다.

최악의 정권에 대한 보우소나루의 정상화, 심지어 축하는 브라질 역사에 대한 그의 견해에 국한되지 않았다. 그는 수많은 인권 침해 혐의로 체포된 피노체트[Augusto Pinochet] 칠레 대통령과 35년 집권 기간 내내 국가를 계엄령으로 통치한 알프레도 스트로에스네르[Alfredo Stroessner] 파라과이 대통령을 비롯한 여러 독재자에 대해 찬사를 아끼지 않았다. 보우소나루와 트럼프 같은 지도자들은 이러한 독재자들이 그들 나라의 구세주라고 주장함으로써 역사를 신화로 대체한다. 한나 아렌트가 거짓말 조작과 중앙집권화라고 규정한 것에서, 과거는 빼놓을 수 없는 부분이 되었다. 이 장의 서문에서 인용한 아렌트의 말처럼, 추종자들이 이러한 거짓말을 믿게 되면 현실을 있는 그대로 받아들이지 못하게 된다. 이러한 맥락에서 정치인들은 "진실에 대항하기 위한 무기로 고의적인 거짓을 사용한다."[16] 역사학자 루스 벤 기앳[Ruth Ben-Ghiat]은 트럼프가 과거 권위주의 국가의 선전 체계와 깊은 관계를 맺어온 것에 대해 "트럼프는 취임 이후 자신과 충성스러운 지지자들만이 진실의 유일한 심판관이라며 비판자들을 거짓말을 퍼뜨리는 당파적 조직으로 분류하는 정보기관을 설립했다."고 했다.[17] 이 수정주의 세계에서는 가장 비합리적이고 메시아적이며 편집중적인 견해가 역사적 사실로 거짓 제시된다.

트럼프와 마찬가지로 정치적 폭력, 맹목적 국가주의, 개인적 미화로 점철된 보우소나루의 스타일과 실체는 파시스트의 본질적인 특성을 갖추었다. 그러나 보우소나루 정권이 포퓰리즘과 파시즘을 어떻게 연결하는지를 진정으로 드러내는 것은 그의 역사 조작이다. 그는 역사를 단순한 선전 도구로 부끄러움 없이 사용해왔다. 1964년 쿠데타를 기념하기로 한 그의 결정은 히틀러와 무솔리니 같은 고전적인 파시스트들이 연합 정부를 이끌도록 선출되고 임명된 직후 내부로부터 민주주의를 파괴한 것을 연상시킨다. 지배자로서 그들은 황제와 영웅적인 전사들을 단순히 자신들의 전임자 정도로만 여기면서 신화적 과거를 창조해냈다. 무솔리니the Duce나 히틀러the Führer보다는 되도록 덜 거창한 방식으로, 보우소나루는 자신의 통치를 과거 라틴아메리카 독재자들의 통치와 연결하려고 했다. 파시스트 지도자들이 파시즘 신화를 창조하여 자신들을 허구의 황금빛 과거의 살아있는 화신으로 자리매김했다면, 보우소나루는 라틴아메리카 독재의 신화적 시대를 창조하고 그것을 구현하려 했다. 보우소나루가 포퓰리즘으로부터 파시즘을 향해 얼마나 멀리 갈지는 아직 불확실하다. 보우소나루와 같은 우파 포퓰리스트가 파시즘과 독재의 기억에 대해 과격한 레토릭을 동원하고 찬양한다고 해서 그것이 자동으로 파시즘이나 독재적 관행으로 이어지는 것은 아니다. 물론 보우소나루, 오르반, 트럼프, 이탈리아의 마테오 살비니와 같은 포퓰리스트들은 차별과 폭력, 불평등을 심화시키는 정책을 실행하고 있다. 하지만 지금까지 그들은 민주주의를 완전히 파괴하지 않고도 이런 일을 해왔다. 그들의 가장 반민주적인 행동은 상징을 쓴다는 것이다. 정적에 대한 공격은 지금까지 일반적으로는 말로는 표현할 수 없는 것이었다. 파시즘과 포퓰리즘의 차이점이 바로 여기에 있다. 포퓰리즘 지도자는 폭력적 수사 및 자신과 적에 대한 거짓말을 선호하지만, 폭력적 행동으로 이를 뒷받침하지는 않는다. 1945년 파시즘 몰락 후 최초로 집권한 포퓰리스트 후안 도밍고 페론 장군의 말처럼, 그는 "초식 사자"였다.[18]

보우소나루 역시 포효하되 삼키지는 않는 평화로운 사자 같은 존재일까? 트럼프도 마찬가지일까? 아니면 그들은 파시즘의 진정한 사자들일까? 트럼프가 트위터에서 칭찬한 것처럼, 무솔리니는 "양으로 100년을 사는 것보다 사자로 하루를 사는 것이 낫다"고 말했다. 비슷한 맥락에서 괴벨스는 히틀러를 "포효하는 사자, 위대하고 장엄한 존재"로 묘사했다. 사자의 형상은 내전이나 국가 간 전쟁에서 싸움과 살상이 정치의 핵심적이고도 피할 수 없는 차원이라는 것을 의미했다. 이러한 폭력 및 전쟁에 관한 생각은 지도자들이 그들의 추종자들에게 요구한 종교적 믿음과 밀접하게 연관되어 있었으며, 그들 자신을 현대의 구원자로 묘사하기 위해 기독교 텍스트와 기도문에 나오는 상징과 언어로 표현되었다. 이것이 박해에 대한 인식이 그들을 더 대담하게 만든 이유 중 하나다.

트럼프는 자신이 구축하려는 구세주 혹은 순교자 이미지를 부추기면서 자신을 역사상 가장 핍박받는 지도자로 내세웠고, 자신의 범죄 혐의에 대한 조사가 어떤 증거도 없이 벌어지는 "마녀사냥"이고 괴롭힘이라며 불평하는 것을 즐겼다. 2019년 의회 탄핵 조사가 진행 중이던 상황에서 트럼프는 "민주당이 대통령을 해임하는 데 성공한다면 결코 성공하지 못하겠지만, 이 나라는 결코 치유될 수 없는 내전과 같은 분열을 초래할 것이다."라고 경고한 한 목사의 발언에 찬동하는 트윗을 올렸다.[19] 트럼프주의자인 이 목사의 종말론적 견해는 트럼프의 가장 광적인 추종자들 사이로 널리 공유되었다. 지도자의 "진실"에 대한 애착은 윤리와 상식을 초월할 정도로 굳건해 보이고, 그의 가장 공격적이고 명백한 불법 행위를 정당화했다. 트럼프와 그의 파시스트 전임자들처럼 보우소나루도 내전을 정치적 이상으로 여겼다.[20] 정치를 신성한 진실과 사악한 적의 거짓말 사이에서 일어나는 타협 없는 유사 종교적 전쟁의 장으로 보는 이러한 생각은 왜 지도자의 선거 패배보다 정치적 폭력이 더 나은지 알게 해준다. 무솔리니가 "파시즘은 영웅주의의 신성함을 믿는다"고 말한 정도라면, 보우소나루의 추종자들은 그를 말 그대로 '신화'라고 부르며 의심 없이 신뢰해야 할 애국심과 가족의 가치를 지닌 기독교 전사이자 서사시적 수준의 영웅으로 간주한다. 2018년 대선 승리 후, 보우소나루는 브라질 국민에게 "우리는 진실과 함께하는 삶에 익숙해져야 합니다. 다른 방법은 없습니다. 하나님 덕분에 브라질 국민은 이 진실을 깨달을 수 있었습니다."라고 말했다. 그는 "하나님의 사명"을 완수할 것이었기에 이 초월적 진리와 완전히 동일시되었다.[21] 보우소나루는 분명히 파시스트 독재와 민주적 형태의 포퓰리즘 사이의 경계에 서 있다. 독재를 찬양하고 나치의 과거를 미화하려는 그의 모습은 페론과 같은 고전적인 포퓰리스트와는 거의 닮지 않았고 히틀러나 무솔리니와 훨씬 더 닮아 있었다. 트럼프의 이민자를 총으로 쏴 죽이겠다는 공언이나 히스패닉, 무슬림 및 기타 소수 민족에 대한 일련의 인종 차별적 발언과 행동에 대해서도 비슷하게 말할 수 있다.

이 모든 경우의 배경에는 파시스트 거짓말의 오랜 역사에 완전히 내재된 '진실' 개념이 있다. 예를 들어 트럼프가 진실이라고 믿는 것은 단순한 거짓말에 불과하다. 있는 그대로의 현실을 거부하는 이런 태도 때문에 트럼프와 다른 많은 지도자가 정신이 상자라는 오해를 받아왔다.[22] 이러한 지도자를 미쳤다고 비난하는 것 또한 새로운 일은 아니다. 포퓰리스트와 파시스트 지도자들은 종종 미쳤다는 소리를 들어왔다. 그러나 이러한 시각은 상황을 정확하게 진단하기보다는 진실을 거짓으로 만들고 거짓을 진실로 만드는 비정상적인 정치 형태에 직면한 야당의 혼란, 즉 역사적으로 권위주의와 그 편협한 결과에 대해 무력함으로 이어진 혼란을 반영한다.

히틀러는 많은 반대자로부터 미친 거짓말쟁이로 취급받았다. 홀로코스트 당시 수많은 반파시스트가 지속했던 이 개념적이기만 한 게으름은 나치의 성공에 기여했다. 그들은 히틀러를 한심하고 충동적인 사기꾼으로 치부함으로써 히틀러가 독일 국민 사이에서 광범위한 공감대를 형성하며 냉정하게 전쟁과 대량학살을 계획했다는 사실을 무시할 수 있었다. 히틀러는 새로운 현실을 창조하면서 세상을 점점 더 그가 말했던 거짓말들처럼 보이게 만들었다.

더 일반적으로 이 지도자들을 터무니없는 사기꾼으로 묘사하는 것은 그들 메시지 속에 담긴 매우 폭력적이고 인종차별적인 이데올로기적 내용이 아니라 그들의 스타일에 고정된 생각일 뿐이었고 따라서 그들의 실천과 정치의 실제적 결과로부터 주의를 분산시키는 결과를 가져왔다. 파시스트 지도자들을 정신 이상으로 오인하는 이러한 잘못된 생각은, 부적절하게도 "비정상적인" 지도자들과 혼란스러워 보이지만 제정신인 추종자들을 구분하는 데도 효과가 있었다. 그리고 이는 인종주의와 반유대주의, 파시스트의 거짓말을 포함한 정치적 이데올로기를 정치

분석에서 분리함으로써 이러한 지도자들의 의제에 대해 명확하고 효과적인 반대를 제기할 수 없게 만들었다.

정신 질환이나 정신적 장애를 이용해 이러한 지도자들의 거짓말과 행동을 설명하려는 경향은 그들을 신과 같은 천재적 인물, 국민이 진정으로 원하는 것을 국민보다 더 잘 아는 국민의 절대적 대변자로 자리매김하려는 나르시시즘적 충동에 대한 일반적인 오해를 가중시킨다. 이들은 검증이나 경험적 증명과는 아무런 상관이 없는 "진실"을 소유하고 있었다.[23]

비이성적인 지도자들을 미치광이나 사기꾼, 혹은 그 둘 모두로 표현하면 정치적 점수는 쉽게 얻을 수 있다. 그러나 장기적으로 볼 때, 그와 그 추종자들의 신화적 이데올로기보다 허언증 지도자의 광기에 초점을 맞추는 것은 그들의 리더십에 대한 가장 중요한 사실을 가리는 결과를 가져온다. ; 근본적으로 권위주의적인 거짓말과 세계에 대한 인종차별적 환상이 지속해서 정상화되고 주요 정당의 인사들뿐만 아니라 광범위한 국민의 지지를 받고 있다는 현실이 그것이다. 트럼프의 추종자 중 상당수가 아이티나 아프리카 국가들이 "똥통 국가"라는 인종차별적 신념을 공유하고 있다는 트럼프의 가정은 아마도 옳았을 것이다.[24] 트럼프주의에는 기본적으로 편협하고 반민주적인 측면이 있지만, 이것이 새롭거나 병적인 것은 아니다. 후안 페론부터 실비오 베를루스코니 Silvio Berlusconi까지, 그리고 그 이전의 히틀러와 무솔리니 같은 파시스트 지도자들에 이르기까지 권력을 잡은 포퓰리스트들의 역사는 자기 과시와 신화 만들기의 경향으로 가득 차 있으며, 이러한 경향은 그들의 정당과 추종자들에 의해 전폭적으로 지지받았고 때로는 창시되었다.

권위주의적 사기꾼과 그 추종자들의 어리석음에 대해 무시하고 단순하게 설명하는 것은 실제로는 많은 것을 설명하지 못하고, 대신 우리가 싫어하는 것 즉 우리를 파멸로 이끌게 될 진실의 신화적 구현에 대한 이해를 거부하게 만든다. 트럼프는 외국인 혐오와 반평등주의를 주장하는 극단적인 포퓰리스트다. 그의 정신 상태를 평가하거나 그를 그저 사기꾼으로 정형화하는 것보다는 체계적인 정치와 선거에서 승리하는 것이 민주적 삶의 현재와 미래에 더 중요하다. 그는 미친 사기꾼이기 때문에 거짓말하는 것이 아니라, 그가 지도자의 신성한 무오류성에서 비롯된 진리라는 대안적 개념을 제시하는 정치적 전통에 속해 있기에 거짓말하는 것이다. 백악관에서 나온 인종차별과 여성 혐오는 현실을 환상에 가까운 것으로 변형시키려는 정치적 시도이다. 이것은 무시되어서는 안 된다.

나아가 우리는 권위주의적 포퓰리스트에 대한 비판이 왜 단순한 형용사의 사용이나 욕설 정도로 그치고 마는지 그 이유를 자문해봐야 한다. 트럼프를 비정상화하는 것은 마치 다원주의와 평등, 역사적 진실에 대한 존중이라는 흠잡을 데 없는 역사에서 트럼프만 예외적 존재인 것처럼, 나머지 미국의 현실은 정상인 것처럼 여기게 하는 결과를 초래한다. 하지만 지금까지의 미국에서 이런 일은 없었다. 이는 다른 나라에서도 마찬가지다. 사실 냉전 시대에 등장한 극우 포퓰리즘의 형태^{매카시즘과 이후 배리 골드워터} ^{Barry Goldwater와 조지 월리스 George Wallace의 대통령 후보 경선}는 트럼프의 억압적 사상, 인종차별적 거짓말, 권위주의적 스타일의 힘을 이해하는 중요한 미국의 선례다.

전 세계적으로 트럼프주의 신화 만들기는 전후 초기 아르헨티나의 후안 페론, 브라질의 제툴리우 바르가스^{Getulio Vargas}, 최근에는 베네수엘라의 우고 차베스^{Hugo Chávez}, 니콜라스 마두로^{Nicolás Maduro}와 같은 포퓰리스트와 파시스트 지도자를 포함하는 역사를 가지고 있다. 권력을 쥐고 있는 현대 포퓰리즘의 한 형태로서 트럼프주의는 반자유주의적이고 종종 반헌법적이며 권위주의적 민주주의를 자체적인 정치적 근거로 삼는 포스트 파시즘의 극단적인 형태를 대표한다. 이것은 진실에 대해 신화적 개념을 가진 정치 형태다. 파시스트와 마찬가지로 포퓰리스트들은 역사적 진실을 영광스러운 과거에 대한 가짜 아이디어로 대체하면서 지도자가 이를 되살릴 것이라고 약속한다. 이것이 "미국을 다시 위대하게 ^{Make America Great Again}"와 같은 표현의 역사적 공허함을 이해하기 위한 맥락이다. 지도자는 존재하지도 않았던 과거를 되살린다. 이

것이 진실에 대한 파시스트들 조작의 핵심이었다. 그것은 또한 현대 우파 포퓰리즘의 중요한 원동력이기도 하다.

보우소나루, 트럼프, 오르반과 같은 지도자의 부상이 21세기 파시즘으로 이어질까? 아직은 명확하지 않다. 그런 정치적 전환이 일어날 가능성은 <small>바라건대</small> 희박하지만, 이 정치인들이 점점 더 극단적인 신화적 거짓말들을 우려스럽게 끌어들이는 것은 민주주의를 지지하는 사람들에게는 일종의 경고이며, 우리가 투표와 시위뿐만 아니라 역사를 제대로 지킴으로써 증가하는 반자유주의와 새로운 파시즘적 충동에 저항해야 한다는 것을 알려준다.

감사의 말

이 작은 책은 여러 나라에서 나눈 많은 대화의 결과물입니다. 저는 2013년 마체라타 대학University of Macerata에서 일련의 강연을 통해 이 책의 주요 논지를 처음 제시했고, 이후 수년에 걸쳐 세 개의 대륙에서 강연을 진행하며 이를 구체화했습니다. 이탈리아 대학의 학생들과 뉴욕에 있는 뉴스쿨의 제 학생들에게 감사의 말을 전하고 싶습니다. 또한, 책의 여러 부분에 대한 의견과 제안을 해준 에이미 앨런, 벤 브라우어, 에이미 차즈켈, 발레리아 갈리미, 루이스 헤란 아빌라, 아론 제이크, 안드레아 맘모네, 나라 밀라니치, 파블로 피카토, 카테리나 피치고니, 안젤로 벤트론 Amy Allen, Ben Brower, Amy Chazkel, Valeria Galimi, Luis Herrán Ávila, Aaron Jakes, Andrea Mammone, Nara Milanich, Pablo Piccato, Caterina Pizzigoni, Angelo Ventrone에게도 감사의 말을 전하고 싶습니다. 또한 줄리아 알바네즈, 멜리사 아메즈쿠아, 앤드류 아라토, 보르하 바우자, 치아라 보티치, 리처드 번스타인, 파비안 보소어, 막달레나 브로케타스, 안토니오 코스타 핀토, 도나텔라 디 체사레, 리처드 에반스, 오즈 프랑켈, 막시밀리암 푸엔

테스코데라, 파비오 젠틸, 엠마누엘 게리솔리, 고 아그네스 헬러, 레토 호프만, 안드레아스 칼리바스, 클라우디아 쿤츠, 다니엘 크레셀, 도미니크 라카프라, 사이먼 레비스 설람, 산드라 맥기 도이치, 데이비드 모타델, 호세 모야, 줄리아 오트, 엘리아스 팔티, 라난 레인, 스벤 라이하르트, 다니엘 로드리게스, 게마 산타마리아, 헥터 라울 솔리스 가데아, 마이클 스타인버그, 앤 로라 스톨러, 네이선 스톨츠퍼스, 알베르토 스펙토로우스키, 엔조 트래버소, 나디아 어비나티, 제레미 바론, 니콜라이 웨르스 Giulia Albanese, Melissa Amezcua, Andrew Arato, Borja Bauzá, Chiara Bottici, Richard Bernstein, Fabián Bosoer, Magdalena Broquetas, Antonio Costa Pinto, Donatella Di Cesare, Richard Evans, Oz Frankel, Maximiliamo Fuentes Codera, Fabio Gentile, Emmanuel Guerisoli, the late Agnes Heller, Reto Hofmann, Andreas Kalyvas, Claudia Koonz, Daniel Kressel, Dominick LaCapra, Simon Levis Sullam, Sandra McGee Deutsch, David Motadel, Jose Moya, Julia Ott, Elias Palti, Raanan Rein, Sven Reichardt, Daniel Rodriguez, Gema Santamaria, Hector Raul Solis Gadea, Michael Steinberg, Ann Laura Stoler, Nathan Stoltzfus, Alberto Spektorowski, Enzo Traverso, Nadia Urbinati, Jeremy Varon, and Nikolai Wehrs 에게도 감사드립니다.

UC Press의 이상적인 편집자 케이트 마샬 Kate Marshall 에게 깊은 감사를 표합니다. UC Press의 언론 담당 이사 팀 설리반과 엔리케 오초아, 도레 브라운 Tim Sullivan, Enrique Ochoa: Dore Brown, 그리고 예리하고 통찰력 있는 카피 편집을 해준 쉴라 버그 Sheila Berg, 색인을 준비해 준 엠마누엘 게리솔리 Emmanuel Guerisoli 에게도 감사드립니다.

부모님 노마와 하이메^{Norma and Jaime}, 형제자매 이네스와 디에고^{Inés and Diego}에게도 감사드립니다. 언제나 그렇듯이 아내 로라^{Laura}와 딸 가브리엘라, 루시아^{Gabriela and Lucia}에게 깊은 감사를 표합니다.

미주

들어가며

Donald J. Trump (Philip Bump, "A New Peak in Trump's Efforts to Foster Misinformation," Washington Post, July 25, 2018)

Adolf Hitler, 『Hitler: Speeches and Proclamations, 1932–1945』, Max Domarus (London: Tauris, 1990)

Benito Mussolini, 『Benito Mussolini, Opera omnia』, Edoardo and Duilio Susmel (Florence: La Fenice, 1951–62), vol. 19, 114.

1   Max Horkheimer, 『Between Philosophy and Social Science』 (Cambridge, MA: MIT Press, 1993), 278.
2   다음 참조.
  - Hannah Arendt, "Truth and Politics," New Yorker, February 25, 1967.
  - Alexandre Koyré, "The Political Function of the Modern Lie," Contemporary Jewish Record 8 (1945): 290–300
  - Agnes Heller, 『La verità in politica』 (Rome: Castelvecchi, 2019)
  - Jacques Derrida, 『Historia de la mentira: Prolegómenos』 (Buenos Aires: Universidad de Buenos Aires, Facultad de Filosofía y Letras, 1995)
  - Martin Jay, 『The Virtues of Mendacity: On Lying in Politics』 (Charlottesville: University of Virginia Press, 2010)

- Timothy Snyder, 『The Road to Unfreedom』 (New York: Tim Duggan Books, 2018)

3 "In Texas Gunman's Manifesto, an Echo of Trump's Language," New York Times, August 5, 2019.

4 다음 참조.

- Jason Stanley, 『How Fascism Works』 (New York: Random House, 2018), 56. On Trumpist language and Nazism

- Michelle Moyd and Yuliya Komska, "Donald Trump Is Changing Our Language. We Need a Vocabulary of Resistance," The Guardian, January 7, 2017.

5 다음 참조.

- Federico Finchelstein, "Why Far-Right Populists Are at War with History," Washington Post, April 23, 2019.

- Federico Finchelstein, "Cuando el populismo potencia al fascismo," New York Times Es, May 21, 2019.

- Federico Finchelstein, "Jair Bolsonaro's Model Isn't Berlusconi. It's Goebbels," Foreign Policy, October 5, 2018.

6 Ishaan Tharoor, "Trump Goes Soft on Terrorism," Washington Post, August 6, 2019.

7 『From Fascism to Populism in History』 (Oakland: University of California Press, 2019)의 페이퍼백 판에 실린 서문 참조.

8 조안 월라크 스콧의 주장처럼, "트럼프는 전형적인 선동가적 방식으로 자신의 거짓말이 자명한 진실이라고 주장한다. 그의 추종자들은 그 거짓말에서 더 깊고 본질적인 진실을 발견한다. 그리고 그는 그들로부터 사회적 의식이나 책임이 결여된 포퓰리즘적 에너지를 끌어낸다."

- Joan Wallach Scott, "Political Concepts: A Critical Lexicon,"www.politicalconcepts.org/
trump-joanwallach-scott/#ref20)

9 Q. Whitman, 『Hitler's American Model: The United States and the Making of Nazi Race
Law』(Princeton, NJ: Princeton University Press, 2017)

10 다음 참조.

- Jonathan Watts, "Amazon Deforestation: Bolsonaro Government Accused of Seeking to
Sow Doubt over Data," The Guardian, July 31, 2019

- Ernesto Londoño, "Bolsonaro Fires Head of Agency Tracking Amazon Deforestation in
Brazil," New York Times, August 2, 2019.

나중에 보우소나루는 UN에서, 자신의 행동(아무것도 하지 않은 바로
그 행동)이 유발한 대규모 화재로 인해 아마존이 치명적인 영향을 받
았다는 사실을 부인했다. 그는 이른바 '마커 게이트(Sharpiegate)'로
불리는 가짜 지도까지 들고 뉴스에 나온 트럼프와는 달리 화재 자체
를 부정하지는 않았다.

11 필자의 전작 『El mito del fascismo: De Freud a Borges (Buenos Aires: Capital
Intelectual, 2015) 참조.

1. 파시스트의 거짓말들

Jorge Luis Borges, "El hombre en el umbral," in Obras completas I (Barcelona: Emecé, 1996), 613.

1   히틀러와 괴벨스는 선전은 끊임없이 반복되어야 한다고 주장했지만, 그
    들이 거짓말을 하고 있다고 주장한 적은 없다. 사실 그들은 정반대로
    진실의 이름으로 말한다고 믿었다. 파시스트는 전형적으로 자신의
    존재를 부정하는 대신 그 특징과 전체주의 정치를 적의 탓으로 돌린
    다. 따라서 괴벨스는 거짓말을 반복하는 것이 나치즘의 핵심이라고 말
    한 적은 없지만, 1941년 "처칠의 거짓말 공장"에 대해 "영국인들은 거
    짓말을 하면 그것을 계속하며, 무엇보다 이전에 한 거짓말을 고수해
    야 한다는 원칙에 충실하다."고 말한 바 있다. 1942년 그는 자신의 개
    인 일기에 "선전의 본질은 단순함과 그리고 반복이다."라고 적었다.
    다음 참조.

http://falschzitate.blogspot.com/2017/12/eine-lugemuss-nur-oft-genung-wiederholt.html.

- Leonard W. Doob, "Goebbel's Principles of Propaganda," Public Opinion Quarterly 14, no.
  3 (1950): 428.

- Joseph Goebbels, "Aus Churchills Lügenfabrik," in Die Zeit ohne Tagebücher von Joseph
  Goebbels, Teil II, Band 3, Januar-März 1942 (Munich: Saur, 1994), 208–13.

    괴벨스에 대한 잘못된 인용의 역사와 관련하여 의견을 제시하고 도움
    을 주신 Claudia Koonz, Nathan Stoltzfus, Sven Reichardt, Nikolai

Wehrs, David Motadel, and Richard Evans에게 감사드린다.

2 괴벨스에 대한 Peter Longerich의 다음 훌륭한 전기를 참조.

  - 『Goebbels: A Biography』 (New York: Random House, 2015), 70–71, ix.

3 같은 책, 145, 696.

4 Richard J. Evans, 『The Coming of the Third Reich』 (New York: Penguin Books, 2005), 397.

5 Adolf Hitler, 『Mein Kampf』 (New York: Mariner, 1999), 232.

6 Ernst Cassirer, 『The Myth of the State』 (New York: Doubleday, [1946] 1955), 354.

7 Benito Mussolini, 『Opera omnia, ed. Edoardo and Duilio Susmel』(Florence: La Fenice, 1951–62), vol. 13, 45: vol. 7, 98: vol. 34, 117, 126.

8 같은 책, vol. 18, 457, 19, 49, 69.

9 Benito Mussolini, 『Scritti e discorsi di Benito Mussolini』 (Milan: Hoepli, 1934), vol. 2, 345.

10 Sophia Rosenfeld, 『Democracy and Truth』 (Philadelphia: University of Pennsylvania Press, 2019), 1.

11 Robert Paxton, 『The Anatomy of Fascism』 (New York: Knopf, 2004), 16–17.

12 Francisco Franco, 『Palabras del caudillo: 19 april 1937–31 de diciembre 1938』 (Barcelona: Ediciones Fe, 1939), 149, 161, 276, 278.

13 다음 참조.

  - Hannah Arendt, 『Between Past and Future: Eight Exercises in Political Thought』 (New York: Penguin, 2016), 228, 246, 249

  - Hannah Arendt, 『The Origins of Totalitarianism』 (New York: Meridian, 1959), 350.

14 Hannah Arendt, 『Eichmann in Jerusalem』 (New York: Viking Press, 1965), 52.

15 아이히만 재판과 증언의 역사에 대해 다음 참조.

 - Carolyn J. Dean, 『The Moral Witness: Trials and Testimony after Genocide』 (Ithaca, NY: Cornell University Press, 2019)

16 Arendt, 『Eichmann in Jerusalem』, 252.

17 다음 참조.

 - Christopher R. Browning, 『Collected Memories: Holocaust History and Postwar Testimony』 (Madison: University of Wisconsin Press, 2003)

 - David Cesarani, 『Becoming Eichmann: Rethinking the Life, Crimes, and Trial of a "Desk Murderer"』 (Cambridge, MA: Da Capo Press, 2006).

  홀로코스트 역사학의 등장과 관련한 아렌트의 맥락적 위치에 대해서는 아래 참조.

 - Federico Finchelstein, "The Holocaust Canon: Rereading Raul Hilberg," New German Critique 96 (2006): 3–48.

 - Richard Bernstein, 『Hannah Arendt and the Jewish Question』 (Cambridge, MA: MIT Press, 1996); 『Dan Stone, History, Memory and Mass Atrocity: Essays on the Holocaust and Genocide』 (London: Valentine Mitchell, 2006), 53–69.

18 Borges, 『Obras completas I』, 580.

19 Arendt, 『The Origins of Totalitarianism』, 474.

2. 파시즘 역사에서 진실과 신화

1   Hannah Arendt, Jerome Kohn, "The Seeds of a Fascist International," in 『Essays in Understanding 1930–1954』 (New York: Harcourt Brace, 1994), 147.

2   Mabel Berezin, 『Making the Fascist Self: The Political Culture of Interwar Italy』 (Ithaca, NY: Cornell University Press, 1997), 198.

3   Federico Finchelstein, 『From Fascism to Populism in History』 (Oakland: University of California Press, 2017), 15, 37, 39, 41.

4   Jorge Luis Borges의 작품들 중 다음 참조.

   "Thomas Carlyle," 35: "Thomas Carlyle: De los héroes," 37–41: and "Definición del Germanófilo," in 『Obras completas IV』 (Barcelona: Emecé, 1996), 442: "Ensayo de imparcialidad," Sur 61 (October 1939), 27.6

5   자유주의적 낭만주의 전통에 대해서는 다음 참조.

   - Pablo Piccato, 『The Tyranny of Opinion』 (Durham, NC: Duke University Press, 2010), 10, 11.

   - Elías José Palti, 『El momento romántico: Nación, historia y lenguajes políticos en la Argentina del siglo XIX』 (Buenos Aires: Eudeba, 2009)

   - Nadia Urbinati, 『The Tyranny of the Moderns』 (New Haven, CT: Yale University Press, 2015), 41, 55, 56.

6   다음 참조.

   - José Enrique Rodó, Ariel (Montevideo: Biblioteca Artigas, 1964), vol. 44. 여기서 특히, 18, 19, 20: 자유주의에 관한 글 중에는, 187과 188 참조.

- Leopoldo Lugones, 『Política revolucionaria』 (Buenos Aires: Anaconda, 1931), 17–19 를 포함해 12–13, 15, 24–25, 29, 38. 『Estudios helénicos』 (Buenos Aires: Biblioteca Argentina de Buenas Ediciones Literarias, 1923), 18–21: 『Nuevos estudios helénicos』 (Buenos Aires: Babel, 1928), 23, 181.

7 Max Horkheimer, 『Between Philosophy and Social Science』 (Cambridge, MA: MIT Press, 1993), 278.

8 Ernst Cassirer, 『The Myth of the State』 (New York: Doubleday, [1946] 1955), 335.

9 Theodor W. Adorno, "Freudian Theory and the Pattern of Fascist Propaganda" (1951), 『Gesammelte Schriften』 (Frankfurt: Suhrkamp, 1990), vol. 8, 429.

10 Hannah Arendt, 『The Origins of Totalitarianism』 (New York: Meridian, 1959), 382–87.

3. 파시즘의 화신

1   Giussepe Bottai, "ľequivoco antifascista," 『Critica Fascista』, April 1, 1924, 30. "ľespansione
      del fascismo," 『Universalità Fascista』 (February 1932): 96.

2   다음 참조.

    - Benedetto Croce, 『Scritti e discorsi politici, 1943–1947』 (Bari: Laterza, 1963), I, 7: II, 46,
      357.

    - Renzo De Felice, 『Interpretations of Fascism』 (Cambridge, MA: Harvard University
      Press, 1977), 14–23

    - Pier Giorgio Zunino, 『Interpretazionee memoria del fascismo: Gli anni del regime』
      (Rome: Laterza, 1991), 11–142.

3   Dominick LaCapra, 『History and Memory after Auschwitz』 (Ithaca, NY: Cornell University
      Press, 1998), 104.

4   Corneliu Zelea Codreanu, 『Manual del jefe』 (Munich: Europa, 2004), 5.

5   Mussolini, "Parla il duce del fascismo," 『Il Giornale d'Italia』, September 15, 1929.

6   다음 참조.

    - Camillo Pellizzi, "Imperialismo o aristocrazia?," 『Il Popolo d'Italia』, May 13, 1923.
    "Il comandamento del Duce," 『Il Popolo d'Italia』, October 2, 1923

    - Nino Fattovich, "Sacra religio patriae (Divagazioni sul fascismo)," 『Il Popolo d'Italia』,
      January 3, 1925

    - Antonio Pirazzoli, "Mussolini e il fascismo visti da lontano," 『Il Popolo d'Italia』, March 15,
      1925.

7   José Vasconcelos {Pablo Yankelevich, "El exilio argentino de José Vasconcelos," 『Revista Iberoamericana 6』, no. 24 (2006): 39}에서 인용.

8   파시즘과 역사에 대해서는 다음 참조.

  - Claudio Fogu, 『The Historic Imaginary: Politics of History in Fascist Italy』 (Toronto: University of Toronto Press, 2003)

  - Fernando Esposito and Sven Reichardt, "Revolution and Eternity: Introductory Remarks on Fascist Temporalities," Journal of Modern European History 13 (2015): 24–43.

9   Volt, "Antistoria," 『Critica Fascista』, January 15, 1927, 9–10.

10   파시스트 지식인 Ardengo Soffici 는, "아인슈타인을 두목으로 하는 독 일 유대인" 집단이 제안한 상대성 이론에 반대되는 파시스트 절대주 의를 내세웠다. 다음 참조.

  - Ardengo Soffici, "Relativismo e politica," 『Gerarchia』 (January 1922): 34–35.

  Mussolini가 Sandra Linguerri와 Raffaella Simili에게 쓴 유사한 반대 논리도 참조.

  『Einstein parla italiano: Itinerari e polemiche』 (Bologna: Pendragon, 2008), 31.

11   Tirso Molinari Morales, 『El fascismo en el Perú』 (Lima: Fondo Editorial de la Facultad de Ciencias Sociales, 2006), 186.

12   다음의 통찰력 있는 분석 참조.

  - Markus Daechsel, "Scientism and Its Discontents: The Indo-Muslim 'Fascism' of Inayatullah Khan al-Mashriqi," 『Modern Intellectual History 3』, no. 3 (2006): 462, 463.

13   다음 참조.

  - James P. Jankowski, "The Egyptian Blue Shirts and the Egyptian Wafd, 1935–1938," 『Middle Eastern Studies 6』, no. 1 (January 1970): 87

- Reto Hofmann, 『The Fascist Effect: Japan and Italy』, 1915–1952 (Ithaca, NY: Cornell University Press, 2015), 81–83.

14 Hofmann, 『The Fascist Effect』, 86. 일본 파시즘의 이런 부분에 대한 Reto Hofmann 의 의견에 감사를 표한다. 다음 Harry Harootunian의 『Hirohito Redux—Hirohito and the Making of Modern Japan』(Herbert P. Bix)에 대한 리뷰도 참조, 『Critical Asian Studies 33』, no. 4 (2001): 609–36.

15 Israel Gershoni and James Jankowski, 『Confronting Fascism in Egypt: Dictatorship versus Democracy in the 1930s』 (Stanford, CA: Stanford University Press, 2009), 236.

4. 그들은 진실의 적인가?

1   Adolf Hitler, 『Mein Kampf』 (New York: Mariner, 1999), 65.

2   José Vasconcelos, "Contra los planes ocultos, la luz de la verdad," 『Timón』, no. 13 (1940). Reprinted in Itzhak M. Bar-Lewaw, ed., La Revista "Timón" y José Vasconcelos (Mexico City: Edimex, 1971), 143–44.

3   다음 참조.
  - Pablo Yankelevich, "El exilio argentino de José Vasconcelos," 『Revista Iberoamericana 6』, no. 24 (2006): 37.
  - Vasconcelos에 대해서는 다음도 참조. Claude Fell, 『José Vasconcelos: Los años del águila (1920–1925)』 (Mexico City: Universidad Nacional Autónoma de México, 1989).
    - 멕시코 파시즘에 대해서는 다음 참조. Jean Meyer, 『El sinarquismo: Un fascismo mexicano? 1937–1947』 (Mexico City: Joaquín Mortiz, 1979).

4   Fernando de Euzcadi, "Judaismo vs. Catolicismo," 『Timón』, no. 12 (1940). Reprinted in Bar-Lewaw, La Revista "Timón" y José Vasconcelos, 222–25.

5   Hitler, 『Mein Kampf』, 318. 324.

6   아르헨티나 성직자 파시즘에 대해서는 다음 참조.
  - Federico Finchelstein, 『Transatlantic Fascism: Ideology, Violence, and the Sacred in Argentina and Italy, 1919–1945』 (Durham, NC: Duke University Press, 2010).

7   다음 참조.
  - Julio Meinvielle, 『El judío』 (Buenos Aires: Antídoto, 1936), 11
  - Virgilio Filippo, 『Los judíos: Juicio histórico científico que el autor no pudo transmitir por

L. R. S Radio París』 (Buenos Aires: Tor, 1939), 111.

8   Virgilio Filippo, 『Conferencias radiotelefónicas』 (Buenos Aires: Tor, 1936), 215. 한편 이
러한 유럽인의 고정관념에 대해서는 George L. Mosse 와 Sander Gilman 같
은 저자들이 분석했다. 다음 참조.

  - George L. Mosse, 『Nationalism and Sexuality』 (New York: Howard Fertig, 1985)

  - George L. Mosse, 『The Image of Man: The Creation of Modern Masculinity』 (Oxford:
    Oxford University Press, 1996)

  - Sander Gilman, 『The Jew's Body』 (New York: Routledge, 1991).

9   다음 참조.

  - Simon Levis Sullam, 『L'archivio antiebraico: Il linguaggio dell' antisemitismo moderno』
    (Rome: Laterza, 2008).

  - 문화적 코드로서의 반대유대주의에 대해서는, Shulamit Volkov, "Anti-Semitism
    as a Cultural Code: Reflections on the History and Historiography of Anti-Semitism in
    Imperial Germany," 『Yearbook of the Leo Baeck Institute 23』 (1978): 25–46 부분 참조.

  - 반유대주의에 대해서는 다음 참조. Paul Hanebrink, 『A Specter Haunting Europe:
    The Myth of Judeo-Bolshevism』 (Cambridge, MA: Harvard University Press, 2018):
    David Nirenberg, 『Anti-Judaism: The Western Tradition』 (New York: Norton, 2013).

10   다음 참조.

  - "Los judíos en la República Argentina: Breve reseña de las sucesivas invasiones," 『Acción
    Antijudía Argentina 13』 (1939): 1

  - Virgilio Filippo, 『Quiénes tienen las manos limpias? Estudios sociológicos』 (Buenos
    Aires: Tor, 1939), 127.

11   Filippo, 『Los judíos』, 44, 45, 49.

12   반유대주의를 연구해온 역사학자 Michele Battini 는, "반유대주의 선동
      은 절대로 일어나지 않은 사실을 주장하고 이를 뒷받침할 증거를 왜
      곡한다. 그러나 작성자는 대중의 의견을 조작하고, 심지어 이를 믿지
      않는 사람들까지도 속일 수 있다고 확신했기에 유대인들을 학대하려
      는 자신들의 의도에 대해서는 사실대로 말한다."라고 설명한다. 진실
      과 거짓을 구별하는 힘은 명백한 거짓말을 하면서도 자신들의 파괴적
      인 의도를 노골적으로 드러낼 수 있는 사람들에게만 주어졌다. Michele
      Battini, 『Socialism of Fools: Capitalism and Modern Anti-Semitism』 (New York:
      Columbia University Press, 2016), 9.

13   Valeria Galimi, 『Sotto gli occhi di tutti: La società italiana e le persecuzioni contro gli
      ebrei』 (Florence: Le Monnier, 2018).

14   Bruno Jacovella, "El judío es el enemigo del pueblo cristiano," 『Crisol』, October 13, 1936:
      『Clarinada』 (June 1942): 31.

15   Theodor W. Adorno, 『Minima Moralia』 (New York: Verso, 2005), 108.

16   Enzo Traverso, 『The Origins of Nazi Violence』 (New York: New Press, 2003), xx.

17   다음 책의 참고문헌 참조. Federico Finchelstein, 『From Fascism to Populism in
      History』 (Oakland: University of California Press, 2017), 73–81.

18   Jorge González von Marées, 『El mal de Chile (sus causas y sus remedios)』, (Santiago:
      Talleres gráficos "Portales," 1940), 53.

19   Corneliu Zelea Codreanu, 『Manual del jefe』 (Munich: Europa, 2004), 130–31.

5. 진실과 힘

1 "다른 민족들의 불확실성 속에서도 우리에게는 위대한 국가로서의 자부심
   과 안보, 확고한 정체성이 있습니다. 보고, 예견하고, 대비하는 경애하
   는 원수님(Duce- 무솔리니를 가리킴)의 명확하고도 결단력 있는 말씀
   은 언제나 옳습니다." 아르헨티나 외교부 기록보관소, 정치 분야. Caja
   2386, Italia, Exp. 1, Año 1933, n. 39, R.E. 1/33, Giornale d'Italia, March 11, 1933.

   "Mussolini ha sempre ragione," Universalità Fascista (July–August 1939): 423: "Mussolini
   dittatore del partito," Critica Fascista, September 15, 1926, 344.

2 "Nuestras lecturas," 『El Fascio (Madrid)』, March 16, 1933, 13.

3 Federico Finchelstein, 『El mito del fascismo: De Freud a Borges』 (Buenos Aires: Capital
   Intelectual, 2015).

4 다음 참조.

   - Theodor W. Adorno, "Freudian Theory and the Pattern of Fascist Propaganda" (1951),
   『Gesammelte Schriften』 (Frankfurt: Suhrkamp, 1990), vol. 8, 408–33

   - Sigmund Freud, 『Group Psychology and the Analysis of the Ego』 (London: Hogarth Press,
   1940), 115.

5 Finchelstein, 『El mito del fascismo』, 43–77.

6 Hannah Arendt, 『The Origins of Totalitarianism』 (New York: Meridian, 1959), 349.

7 다음 참조.

   - Alfredo Rocco, "Per la cooperazione intellettuale dei popoli," Critica Fascista, March 1,
   1926, 52.

- Archivio Centrale dello Stato, Rome, Italy, MRF B 58 F 129 "CANZONI FASCISTE," Cart. 1, "Per te, o Mussolini!": Cart. 3

- "Saluto al Duce": 그리고 같은 아카이브 폴더에 있지만 따로 묶여있는 "Inno al fondatore dell' impero": Arturo Foà, "Fascismo e classicismo," Il Popolo d'Italia, May 18, 1928: Giuseppe Bottai, "Ritratto di Demostene," Critica Fascista, March 1, 1926, 53.

- 아르헨티나 파시즘의 영웅주의와 진실에 대한 개념에 대해서는 다음 참조. Federico Ibarguren, Rosas y la tradición hispanoamericana (Buenos Aires: n.p., 1942), 4.

- 히틀러에 대해, 또 아르헨티나 파시스트 Julio Irazusta의 징후적 문제들에 대해서는 다음 참조. "La personalidad de Hitler," Nuevo Orden, May 14, 1941

- 스페인 파시스트 Ramón Serrano Suñer 에 대해서는 다음 참조. (아르헨티나 외교 및 예배부 기록 보관소 정치 분야, 1940: 1945)

8   Adolf Hitler, 『Speeches and Proclamations, 1932–1945』, ed. Max Domarus, (London: Tauris, 1990), vol. 1, 420.

9   Ernesto Giménez Caballero, 『La nueva catolicidad: Teoría general sobre el fascismo en Europa』 (Madrid: La Gazeta Literaria, 1933), 128–29, 131–32.23

10   다음 참조.

- Leopoldo Lugones, "El único candidato," 『Escritos políticos』, ed. María Pía López and Guillermo Korn (Buenos Aires: Losada, 2011), 320.

자유주의가 반쪽짜리 진실 또는 거짓을 제시한다는 파시스트적 개념에 대해서는 다음 참조.

- José María Pemán, "Perfiles de la nueva barbarie," 『Acción Española』, January 1, 1932,

131–41.

11 다음 참조.

- José Millán Astray, 『Franco el caudillo』 (Salamanca: M. Quero y Simón Editor, 1939), cited in Antonio Cazorla, Franco, biografía del mito (Madrid: Alianza, 2015), 105.

- 스페인 파시스트 지도자에 대한 또 다른 신화들은, Joan Maria Thomàs, José Antonio Primo de Rivera, 『The Reality and Myth of a Spanish Fascist Leader』 (New York: Berghahn Books, 2019) 참조.

12 Corneliu Zelea Codreanu, 『Manual del jefe』 (Munich: Europa, 2004), 182.

13 Jacques Derrida, 『Historia de la mentira: Prolegómenos』 (Buenos Aires: Universidad de Buenos Aires, Facultad de Filosofía y Letras Press, 1995), 36, 38, 43.

14 Dominick LaCapra, Writing History, Writing Trauma (Baltimore: Johns Hopkins University Press, 2001), 49, 50.

15 Hans Blumenberg, 『The Legitimacy of the Modern Age』 (Cambridge, MA: MIT Press, 1983): Derrida, Historia de la mentira, 25.

16 나치의 구원론적 반유대주의에 대해서는 다음 참조.

- Saul Friedlander, 『Nazi Germany and the Jews: The Tears of Persecution, 1933–1939』 (New York: HarperCollins, 1997)

- Enzo Traverso, 『The Origins of Nazi Violence』 (New York: New Press, 2003).

파시즘과 정치적 종교에 대해서는 다음 참조.

- Emilio Gentile, 『Le religioni della politica: Fra democrazie e totalitarismi』 (Rome: Laterza, 2001)

하이데거, 나치즘, 그리고 반유대주의에 대해서는 다음 참조.

- Donatella Di Cesare, 『Heidegger and the Jews: The Black Notebooks』 (Cambridge: Polity, 2018).

17 Ramiro de Maeztu, "No hay hombres?" A B C, March 26, 1936.

18 그들은 드 마에즈투가 "진리를 위해 목숨을 바쳤다"고 주장했다. 다음을 참조.

   - "Vox clamantis in deserto," 『Acción Española』 (March 1937): 6–7.

   - "Tre Gennaio," Augustea (1943): 35.

19 다음 참조.

   - Lloyd E. Eastman, "Fascism in Kuomintang China: The Blue Shirts," 『China Quarterly』, no. 49 (January–March 1972): 9.

   중국의 파시즘에 대해서는 다음 참조.

   - Maggie Clinton, 『Revolutionary Nativism: Fascism and Culture, 1925–1937』 (Durham, NC: Duke University Press, 2017)

   - Brian Tsui, 『China's Conservative Revolution: The Quest for a New Order, 1927–1949』 (Cambridge: Cambridge University Press, 2018)

20 Alfred Rosenberg, 『The Myth of the Twentieth Century』 (Torrance, CA: Noontide Press, 1982), 61–62.

21 다음 참조.

   - Kevin Passmore, 『Fascism: A Very Short Introduction』 (Oxford: Oxford Univeristy Press, 2014), 86.

   루마니아의 파시즘에 대해서는 다음 참조.

   - Constantin Iordachi, "God's Chosen Warriors: Romantic Palingenesis, Militarism and

Fascism in Modern Romania," 『Comparative Fascist Studies: New Perspectives, ed. Constantin Iordachi』 (London: Routledge, 2009), 316–57.

22 다음 참조.

- Julius Evola, 『Il mito del sangue』 (Milan: Hoepli, 1937).

이탈리아의 반유대주의에 대해서는 다음 참조.

- Simon Levis Sullam, 『The Italian Executioners: The Genocide of the Jews of Italy』 (Princeton, NJ: Princeton University Press, 2018)

- Valeria Galimi, 『Sotto gli occhi di tutti』 (Florence: Le Monnier, 2018)

- Marie Anne MatardBonucci, 『L'Italia fascista e lapersecuzione degli ebrei』 (Bologna: Il Mulino, 2008)

23 Carl Schmitt, "El fuhrer defiende el derecho" (1934), 『Carl Schmitt, teólogo de la política, ed. Héctor Orestes Aguilar』 (Mexico City: Fondo de Cultura Económica, 2001), 114–18.

24 위의 책 참조. 또한 다음도 참조.

- Ingo Müller, 『Hitler's Justice: The Courts of the Third Reich』 (Cambridge, MA: Harvard University Press, 1991), 70–79.

파시즘에 대한 슈미트의 수용성에 대해서는 Jean Cohen and Andrew Arato 의 다음 설득력 있는 주장을 참조.

- 『Civil Society and Political Theory』 (Cambridge, MA: MIT Press, 1992), 240.

슈미트 연구의 현대적 필요성에 대해서는 다음 참조.

- Andreas Kalyvas, 『Democracy and the Politics of the Extraordinary: Max Weber, Carl

Schmitt, and Hannah Arendt』 (Cambridge: Cambridge University Press, 2008), esp. 80–67.

나디아 우르비나티(Nadia Urbinati)는, 슈미트가 민주주의를 진실의 조작으로 인식하는 오랜 반민주적 전통에 가담하고 있다고 날카롭게 지적했다. 다음 참조.

- Nadia Urbinati, 『Democracy Disfigured: Opinion, Truth, and the People』 (Cambridge, MA: Harvard University Press, 2014), 88.

25 Antonio Gramsci, 『Gli intellettuali』 (Rome: Editori Riuniti, 1979), 93.

26 Hans Frank, {Hannah Arendt, 『Eichmann in Jerusalem』 (New York: Viking Press, 1965), 136.에서 재인용} 아이히만의 이 책무에 대한 아렌트의 해석은 137, 148, 149 참조.

27 Gustavo Barroso, 『Reflexões de um bode』 (Rio de Janeiro: Gráf. Educadora Limitada, 1937), 169, 177, 178.

28 다음 참조.

- Plínio Salgado, 『Palavra nova dos tempos novos』 (Rio de Janeiro: Olympio, 1936), 114–15.

살가도와 브라질 파시즘에 대해서는 다음 참조.

- Leandro Pereira Gonçalves, 『Plínio Salgado: Um Católico integralista entre Portugal e o Brasil (1895–1975)』 (Rio de Janeiro: FGV Editora, 2018).

29 다음 참조.

- Silvio Villegas, 『No hay enemigos a la derecha』 (Manizales: Arturo Zapata, 1937), 43, 46, 50, 57, 78.

- Leopoldo Lugones, "Una página de estética," Repertorio Americano, October 27, 1924, 113–15.

30 다음 참조.

- Salgado, 『Palavra nova dos tempos novos』, 114–15.

- Plínio Salgado, 『O doutrina do sigma』 (Rio de Janeiro: Schmidt, 1937), 168.

6. 계시록

1   "Il convegno di mistica fascista," 『Il Legionario』, March 1, 1940, 4, 5.

2   다음 참조.

   - Ivan, "Tra i libri," 『Gerarchia』 (August 1939).

   - Titta Madia, "'Duce' Biografia della parola," 『Gerarchia』 (1937): 382.

   - 파시스트 텔레시오 인터란디(Telesio Interlandi)가 무솔리니에게 사적인 편
     지에서 말한 것처럼, 총독의 말은 겉으로 드러난 의미를 초월한 것이기
     에 단순히 읽는 것만으로는 진정으로 이해할 수 없다. {이탈리아 로마 중
     앙공문서보관소에 있는, 텔레시오 인터란디가 무솔리니에게 보낸 편지
     참조. Ministero della Cultura Popolare, D. G. Serv. Propaganda, Gabinetto B. 43 260.2
     (1941)}

3   Curzio Malaparte, "Botta e risposta," Critica Fascista, November 15, 1926, 419–20.

4   이탈리아 로마 중앙공문서보관소. MRF B 58 F 129 "CANZONI FASCISTE," Cart. 1,
     "Dux" and "L'Aquila legionaria."

5   다음 참조.

   - Federico Forni, "Appunti sulla dottrina," Gerarchia (1939): 459–60.

   - 이와 관련해서는 스페인 파시스트 Víctor Pradera의 다음 참조. "Los falsos
     dogmas," Acción Española (1932): 113–22.

6   Alfred Rosenberg, 『The Myth of the Twentieth Century』 (Torrance, CA: Noontide Press,
     1982), 432.

7   다음 참조.

- Plínio Salgado, 『Palavra nova dos tempos novos』 (Rio de Janeiro: Olympio, 1936), 115.

- Plínio Salgado, 『O doutrina do sigma』 (Rio de Janeiro: Schmidt, 1937), 168.

8 다음 참조.

- Partito Nazionale Fascista, Foglio d'Ordini, no. 147, November 18, 1935

- 이탈리아 로마 중앙공문서보관소 중 파시스트 기록보관소. Segreteria Particolare del Duce, Cart. riservato, B 31 F Gran Consiglio SF 13 1935.

- 정의와 투쟁에 대해서는, Angelo Tarchi, "Perché combattiamo," Repubblica Sociale (1945): 4, 11: and La Verità (Venice: Erre, 1944), 19, 25 참조.

9 다음 참조.

- Alexandre Koyré, "The Political Function of the Modern Lie," Contemporary Jewish Record 8 (1945): 290–300.

- Jacques Derrida, 『Historia de la mentira: Prolegómenos』 (Buenos Aires: Universidad de Buenos Aires, Facultad de Filosofia y Letras Press, 1995), 43, 47–48

- Hannah Arendt, "Truth and Politics," New Yorker, February 25, 1967.

10 Leopoldo Lugones, "Rehallazgo del país," La Nación, November 8, 1936.

11 Ramiro de Maeztu, "El valor de la Hispanidad," Acción Española (1932); 561–71; and "El valor de la Hispanidad II," Acción Española (1932); 1–11.

12 Gustavo Barroso, 『O integralismo e o mundo』 (Rio de Janeiro: Civilização Brasileira, 1936), 16, 17.

13 위의 책, 145.

14 Salgado, 『Palavra nova dos tempos novos』, 116–17.

15   위의 책.

16   Corneliu Zelea Codreanu, 『Manual del jefe』 (Munich: Europa, 2004), 151–52.

17   Sir Oswald Mosley, 『10 Points of Fascism』 (London: B.U.F., 1933), 2–3.

18   데리다는 정치가 진리를 소유할 수 있다는 생각을 강하게 비판하지만,
     아렌트와 코예는 그들 통찰력의 비정치적 성격을 주장하는 것처럼 보
     인다. 아렌트의 종합적 비판은 다음 참조.

       - Ágnes Heller, 『Solo se sono libera』 (Rome: Castelvecchi, 2014), 16.

19   다음 참조.

       - Jorge Luis Borges, "De la dirección de Proa," 『Textos recobrados (1931–1955)』 (Barcelona:
         Emecé, 1997), vol. 1, 207–8

       - Federico Finchelstein, 『El mito del fascismo: De Freud a Borges』 (Buenos Aires: Capital
         Intelectual, 2015).

20   다음 참조.

       - Jorge Luis Borges, "El propósito de Zarathustra," in Borges, Textos recobrados, vol. 2,
         211–18

       - 『The Diary of Sigmund Freud, 1929–1939』, ed. Michael Molnar (New York: Maxwell
         Macmillan, 1992), 149.

21   Omero Valle, "Dell' intelligenza fascista," Gerarchia (1939); 703.

22   Italo Calvino, "Il Duce's Portraits," New Yorker, January 6, 2003.

23   José Carlos Mariátegui, 『Obra política』 (Mexico City: Era, 1979), 122, 124, 137.

24   Theodor W. Adorno, "Anti-Semitism and Fascist Propaganda" (1946), <Gesammelte
     Schriften> (Frankfurt: Suhrkamp, 1990), vol. 8, 398, 403.

25 다음 참조.

- Archivio Centrale dello Stato, Rome, Italy, Archivi Fascisti, Segreteria Particolare del Duce, Carteggio riservato, B1 F 2 SF 9 GENTILE GIOVANNI

- Giovanni Gentile, "La legge del gran consiglio," Educazione Fascista (September 1928).

- Luigi Chiarini, "Coscienza imperiale," Critica Fascista, June 15, 1928, 235

- Enzo Capaldo, "Attualità della vigilia nella formazione della coscienza fascista," Critica Fascista, January 1, 1934, 20.

7. 파시스트의 무의식

1 다음 참조.

  - A. M., "I segni del tempo," Il Popolo d'Italia, January 1, 1928.

  - "Senso dell' eterno in Mussolini," La Repubblica Fascista, December 22, 1944, 1.

2 Adolf Hitler, 『Mein Kampf』 (Boston; Mariner, 2001), 510.

3 위의 책. 509–12.

4 Zeev Sternhell, 『The Anti-Enlightenment Tradition』 (New Haven, CT: Yale University Press, 2010), 318, 329, 328.

5 Michele Bianchi, "Il concetto di rappresentanza nello Stato fascista," Il Giornale d'Italia, November 27, 1929, 1.

6 다음 참조.

  - Edgardo Sulis, ed., 『Mussolini contro il mito di demos』 (Milan: Hoepli, 1942) 71, 72

  - Gustavo Barroso, "Procurador dos descaminhos," A Offensiva, April 13, 1935

  - 영국 파시스트 지도자 Sir Oswald Mosley, 『Fascism: 100 Questions Asked and Answered』 (London: B.U.F., 1936), 15.

  - 주권 개념의 역사에 대해서는 다음 참조. Dieter Grimm, 『Sovereignty: The Origins and Future of a Political and Legal Concept』 (New York: Columbia University Press, 2015).

7 다음 참조.

  - Benito Mussolini, 『Scritti e discorsi di Benito Mussolini』 (Milan: Hoepli, 1934), vol. 3, 108

- Simonetta Falasca-Zamponi, 『Fascist Spectacle: The Aesthetics of Power in Mussolini's Italy』 (Berkeley: University of California Press, 1997), 258.

8 다음 참조.

- Plínio Salgado, 『A doutrina do sigma』 (Rio de Janeiro: Schmidt, 1937), 21

- Alfonso de Laferrere, 『Literatura y política』 (Buenos Aires: Manuel Gleizer, 1928), 128

- Silvio Villegas, 『No hay enemigos a la derecha』 (Manizales: Arturo Zapata, 1937),

무솔리니와 소렐에 관해서는 다음 참조.

- Falasca-Zamponi, 『Fascist Spectacle』, 213

- Emil Ludwig, 『Colloqui con Mussolini』 (Milan: Mondadori, 1932), 124

- Benito Mussolini, 『Opera omnia』, ed. Edoardo and Duilio Susmel (Florence: La Fenice, 1951–62), vol. 20, 123.

나치즘과 도덕적 부활에 관해서는 다음 참조.

- Claudia Koonz, 『The Nazi Conscience』 (Cambride, MA: Belknap Press of Harvard University Press, 2003), 31 and 33, 75.

9 Mussolini, 『Scritti e discorsi di Benito Mussolini』, vol. 5, 322.

10 다음 참조.

- Roberto Pavese, "Filosofia e religione nel momento presente," 『Gerarchia』 (November (1936): 761.

- Cesare Colliva, "Impero fascista," Meridiani (March–April 1936).

11 다음 참조.

- Camillo Pellizzi, "Pensiero fascista," Il Popolo d'Italia, April 5, 1925.

- Alessandro Pavolini, "La funzione del partito," Critica Fascista, July 1, 1926, 171.

12 다음 참조.

- "Il messaggio del Duce," Il Giornale d'Italia, October 27, 1935

- Mussolini, 『Opera omnia』, vol. 32, 105

- Sulis, 『Mussolini contro il mito di demos』, 49.

- Francesco Maria Barracu, 『La voce della patria』 (Venice: Erre, 1944), 15, 18.

노래 '무솔리니 찬가'와 '혁명 영웅들에게 바치는 찬가'의 경우 다음 참조.

- Archivio Centrale dello Stato, Rome, Italy, MRF B 58 F 129 "CANZONI FASCISTE," Cart. 1
  and Cart. 3.

13 Camillo Pellizzi, "Educazione fascista," Il Popolo d'Italia, February 10, 1928.

14 다음 참조.

- Volt, "L'imperialismo economico," Il Popolo d'Italia, 1923.

- Nardo Naldoni, "La guerra," Meridiani (June 1936): 2.3.

15 다음 참조.

- Federico Finchelstein, "On Fascist Ideology," Constellations 15 (2008): 320–31.

파시즘과 관련해 다음의 중요한 저작들도 참조.

- Zeev Sternhell, 『Ni droite ni gauche: L'idéologie fasciste en France』 (Paris: Gallimard,
  2012)

- Ruth Ben-Ghiat, Fascist Modernities (Berkeley: University of California Press, 2001)

- Geoff Eley, 『Nazism as Fascism: Violence, Ideology and the Ground of Consent in
  Germany』 (London: Routledge, 2013)

- António Costa Pinto, 『The Nature of Fascism Revisited』 (Boulder, CO: Social Science
  Monographs, 2012)

- Angelo Ventrone, 『La seduzione totalitaria: Guerra, modernità, violenza politica: 1914–1918』 (Rome: Donzelli, 2003)

- Emilio Gentile, 『Fascismo: Storia e interpretazione』 (Rome: Laterza, 2002)

- Giulia Albanese, "Brutalizzazione e violenza alle origini del fascismo," 『Studi Storici 1』 (2014): 3–14

- Sandra Deutsch, 『Las Derechas: The Extreme Right in Argentina, Brazil, and Chile 1890–1939』 (Stanford, CA: Stanford University Press, 1999)

- Joan Maria Thomàs, 『Los fascismos españoles』 (Barcelona: Ariel, 2019).

16   다음 참조.

- Benito Mussolini, "Vivere pericolosamente" (1924), 『Opera omnia』, vol. 21, 40, 41. - Ernesto Giménez Caballero, "Tre fasidel generale Franco," Gerarchia (1937): 153

- Genio de España (Madrid: La Gaceta Literaria, 1932), 134, 318.

17   로마서 3;4; 요한일서 2;22; 요한복음 8;43-45(NRSV).

18   Leonardo Castellani, 『Las canciones de Militis; Seis ensayos y tres cartas』 (Buenos Aires; Ediciones Dictio, 1973), 61.

19   다음 참조.

- Ernesto Giménez Caballero, 『Genio de España: Exaltaciones a una resurrección nacional y del mundo』 (Zaragoza: Ediciones Jerarquía, 1938), 211

- Ernesto Giménez Caballero, 『Casticismo, nacionalismo y vanguardia: Antología, 1927–1935』 (Madrid: Fundación Santander Central Hispano, 2005), 73, 105, 172.

20   바로 위의 책. 73, 102, 103, 129, 160, 183, 241–42.

8. 정신분석에 대항하는 파시즘

1 Carlos Meneses, 『Cartas de juventud de J. L. Borges (1921–1922)』 (Madrid: Orígenes, 1987), 15.

2 Leopoldo Lugones, "La formación del ciudadano," La Nación, February 13, 1938.

3 Albérico S. Lagomarsino, 『La cuestión judía: Su estudio analítico y crítico』 (Buenos Aires: n.p., 1936), 84–87.

4 Virgilio Filippo, 『Los judíos: Juicio histórico científico que el autor no pudo transmitir por L. R. S. Radio Paris』 (Buenos Aires: Tor, 1939), 217.

5 프로이트는 실제로는 혀가 아니라 턱에 암이 있었다. Leonardo Castellani, 『Freud en cifra』 (Buenos Aires: Cruz y Fierro, 1966), 11. 참조.

   카스텔라니를 비롯한 많은 파시스트가 비엔나와 부에노스아이레스를 비교하며 두 도시 모두 유대인들에 의해 "괴물처럼" 압도당했다고 주장했다. {Degreff, Esperanza de Israel (Buenos Aires: F. A. Colombo, 1938), 51. 참조}. 그들에게 두 도시는 모두 기독교에 대한, 또 기독교의 가장 중요한 피조물인 '백인 인종'에 대한 현대와 고대의 위협이 뒤섞인 저급한 세계의 오염원에 직면해 있었다. {다음 책 서문에 있는 카스텔라니에 대한 Vezzetti의 시사적 분석 참조. 『Freud en Buenos Aires, 1910–1939』 (Buenos Aires: Puntosur, 1989), 71–72. 그리고 다음도 참조. Leonardo Castellani, "Sigmund Freud (1856–1939)," La Nación, October 8, 1939, sec. 2, 1–2.

6 Adolf Hitler, 『Mein Kampf. (New York: Mariner, 1999), 325.

7 다음 참조.

- Gustavo Franceschi, "Como se prepara una revolución," Criterio, September 14, 1933, 30

- "Una Europa sin judíos," Bandera Argentina, February 1, 1941, 1.

8   Julio Meinvielle, "Catolicismo y nacionalismo," El Pueblo, October 18, 1936, 3.

9   Julio Meinvielle, 『Entre la Iglesia y el Reich』 (Buenos Aires: Adsum, 1937), 68.

10   다음 참조.

- Fernando de Euzcadi, "Judaismo vs. Catolicismo," Timón, no. 12 (1940). Reprinted in
  Itzhak M. Bar-Lewaw, ed., La Revista "Timón" y José Vasconcelos (Mexico City: Edimex,
  1971), 225.

11   위의 책. 222–25.

12   Filippo, 『Los judíos』, 197.

13   Virgilio Filippo, 『사탄의 통치: 일요일 라디오 컨퍼런스 - 오후 1시 라디오
     파리 드 B. 8 방송』. (Buenos Aires: Tor, 1937), vol. 2, 109.

14   이탈리아의 파시즘과 정신분석학에 대해 다음 참조.

- Piero Meldini, 『Mussolini contro Freud: La psicoanalisi nella pubblicistica fascista』
  (Florence: Guaraldi, 1976)

- Michel David, 『La psicoanalisi nella cultura italiana』 (Turin: Boringhieri, 1966)

- Mauro Pasqualini, "Origin, Rise, and Destruction of a Psychoanalytic Culture in Fascist
  Italy, 1922–1938," 『Psychoanalysis and Politics』, ed. Joy Damousi and Mariano Plotkin
  (New York: Oxford University Press, 2012)

- Roberto Zapperi, 『Freud e Mussolini: La psicoanalisi in Italia durante il regime fascista』
  (Milan: Franco Angeli, 2013)

- Maddalena Carli, "Saluti da Vienna, o duce," Il Manifesto, September 25, 2014.

정신분석과 반파시즘을 위해서는 다음 참조.

- Eli Zaretsky, 『Secrets of the Soul: A Social and Cultural History of Psychoanalysis』 (New York: Knopf, 2004), 244–45.

15 다음 참조.

- Fermi, "Psicanalisi e psicosintesi," Gerarchia (1935): 817

- Roberto Suster, "Elementi di psicologia germanica," Critica Fascista, February 1934, 55

- "Psicoanalisi e castità," La Difesa della Razza, November 20, 1941, 31.

16 Benito Mussolini, "Labirinto comunista," 『Opera omnia』, ed. Edoardo and Duilio Susmel (Florence; La Fenice, 1951–62), vol. 26, 11–12.

17 카스텔라니는 "진정한 프로이트주의자라면 프로이트주의를 비난하지 않을 것이며, 프로이트주의는 일종의 종교"라고 주장했다. 다음 참조.
Juan Palmetta, "Fe de erratas: Freud. I. La Vida: Freudiana del niño," Criterio, October 5, 1939, 107.

18 Plínio Salgado, 『O doutrina do sigma』 (Rio de Janeiro: Schmidt, 1937), 157, 158.

19 다음 참조.

- Ellevi, "Tra i libri," Gerarchia (1941): 57.

- Lidio Cipriani, "Quale la vera responsabile: Albione o Israele?," Gerarchia (1940): 519

- Ellevi, "La democracia, secolo d'oro dell'ebraismo," Gerarchia (1938): 806

- Julius Evola, 『Sintesi di Dottrina della Razza』 (Milan: Hoepli, 1941), 148–49

- Ernesto Pesci, Lotta e destino di razza (Alterocca: Terni, 1939)

20 이런 차원이 파시스트들만의 전유물일까? 1944년 이런 상황에 대해 아도르노가 설명했듯이, 주체가 '비진리'가 되는 이런 패턴은 그 무엇도, 심

지어 프로이트 이론이나 자본주의조차도 예외가 될 수 없다. 확실히, 아도르노가 볼 때 프로이트 생각 속에는 부르주아 세계에 내재된 주체의 해방과 표준화 사이 긴장이 존재했다고 지적했다. 그러나 특히 아도르노는 정신분석학이 '진리를 상대성에 내맡기고 사람을 권력에 복종시키는' 상황과 연결되어 '자기 지도자를 따라가는 행동'이 될 위험성도 경고했다. 만약 '자아의 심연에 맞서는 두려움'이 완전히 표준화되고 규격에 따라 자아가 소멸된다면, 정신분석학 또한 부르주아 사회의 완전한 소외를 향한 표준적 반응이 될 위험이 있었다. 다음 참조.

Theodor W. Adorno, 『Minima Moralia』 (New York; Verso, 2005), 60–66.

21 다음 참조.

- Giuseppe Maggiore, "Logica e moralità del razzismo," La Difesa della Razza, September 5, 1938, 32

- Alfonso Petrucci, "Morte dell'ultimo illusionista," La Difesa della Razza, November 20, 1941, 27, 28, 31.

22 Domenico Rende, "Il pansessualismo di Freud," La Difesa della Razza, October 5, 1938, 43, 45.

23 다음 참조.

- Saul Friedlander, 『Nazi Germany and the Jews: The Tears of Persecution, 1933–1939』 (New York: HarperCollins, 1997), 172.

- Sander Gilman, 『Freud, Race, and Gender』 (Princeton, NJ: Princeton University Press, 1993), 31.

24 이 주제에 대해서는 특히, Meldini의 선구적 저작인 『Mussolini contro

Freud』를 참조.

이탈리아의 '자발주의'에 대해서는 다음 참조.

- Antonio Monti, "Contributo ad una sintesi storica del volontarismo," Gerarchia (1936): 389–92.

- Umberto Mascia, "Il volontarismo italiano da Roma al fascismo," Gerarchia (1930): 1030–34.

25   다음 참조.

- Friedlander, 『Nazi Germany and the Jews』, 191

- Enzo Traverso, 『The Origins of Nazi Violence』 (New York: New Press, 2003), 95.

26   Georges Sorel, 『Reflections on Violence』 (New York; Peter Smith, 1941), 137, 167.

9. 민주주의와 독재

1   Adolf Hitler, 『Mein Kampf』 (New York: Mariner, 1999), 316, 325–27.

2   Ugo D'Andrea, "Teoria e pratica della reazione política," Critica Fascista, February 1, 1925, 41.

3   다음 참조.

- Joseph Fronczak, "The Fascist Game: Transnational Political Transmission and the Genesis of the U.S. Modern Right," Journal of American History 105, no. 3 (December 2018): 586

- Benjamin Zachariah, "A Voluntary Gleichschaltung? Indian Perspectives Towards a Non-Eurocentric Understanding of Fascism," Transcultural Studies 2 (2014): 82.

4   Maria Hsia Chang, 『The Chinese Blue Shirts Society』 (Berkeley, CA; Institute of East Asian Studies, 1985), 27, 19–20.

5   "El fascismo y la democracia," El Fascio (Madrid), March 16, 1933, 5.

6   다음 참조.

- José Vasconcelos, "Otro fantasma: El nazismo en la América española," Timón, no. 11 (1940): and Editorial, Timón, no. 15 (1940). Both articles are reprinted in Itzhak M. Bar-Lewaw, ed., La Revista "Timón" y José Vasconcelos (Mexico City: Edimex, 1971), 138–39 and 102, respectively.

7   다음 참조.

- Raul Ferrero, 『Marxismo y nacionalismo: Estado nacional corporativo』 (Lima: Editorial Lumen, 1937), 125, 187

- R. Havard de la Montagne, "Démocratie politique et démocratie sociale," Action française,

May 14, 1941, 1.

8   Leopoldo Lugones, 『El estado equitativo (Ensayo sobre la realidad Argentina)』 (Buenos
    Aires; La Editora Argentina, 1932), 11.

9   다음 참조.

    - Leopoldo Lugones, 『Política revolucionaria』 (Buenos Aires: Anaconda, 1931), 52, 53,
      65–66

    - Lugones, 『El estado equitativo』, 9, 11.

10 다음 참조.

    - Leopoldo Lugones, "Un voto en blanco," La Nación, December 3, 1922.

    - Leopoldo Lugones, 『Escritos políticos』 (Buenos Aires: Losada, 2009), 191.

11 Leopoldo Lugones, "Ante una nueva perspectiva del gobierno del mundo," La Fronda,
    January 16, 1933, 7.

12 흥미로운 아르헨티나의 사례들은 다음을 참조.

    - Archivo General de la Nación [hereafter AGN], Archivo Agustín P. Justo, Caja 36, doc.
      277, Reacción 1 quincena junio 1935, no. 1, "La Legión cívica argentina": Guido Glave,
      Economía dirigida de la democracia corporativa argentina (Buenos Aires: Imprenta L. L.
      Gotelli, 1936), 7, 25, 30, 135–36: AGN, Archivo Agustín P. Justo, Caja 104, doc. 151,
      February 28, 1942.

13 AGN, Archivo Agustín P. Justo, Caja 49, doc. 29, Nueva Idea año 1, no. 1, 19 enero 1935;
    Héctor Bernardo, El régimen corporativo y el mundo actual (Buenos Aires; Adsum,
    1943), 52–54.

14 Charles Maier, 『Recasting Bourgeois Europe』 (Princeton, NJ: Princeton University Press,

1988).

15 역사학자 안토니오 코스타 핀토(António Costa Pinto)가 관찰한 것처럼, "제도적 이양의 강력한 과정은 양차 세계대전 사이 독재의 특징이었다. … 조합주의는 조직적 이익을 위한 대표의 새로운 형태이면서 또한 의회민주주의에 대한 권위주의적 대안으로서 이러한 과정의 최전선에 있었다. 유일 정당과 함께 유럽 독재 정권 간 제도적 이양의 특징인 정치적, 사회적 조합주의의 확산은 양차 세계대전 사이 파시즘에 대한 경직된 이분법적 해석에 의문을 제기한다. 다음 참조. António Costa Pinto, 『The Nature of Fascism Revisited』 (New York: SSM—Columbia University Press, 2012), xix. 그의 다른 저작 『Latin American Dictatorships in the Era of Fascism』 (London: Routledge, 2020).

16 다음 참조.

- Antonio Costa Pinto and Federico Finchelstein, ed., 『Authoritarian Intellectuals and Corporatism in Europe and Latin America』 (London: Routledge, 2019).

- António Costa Pinto, "Fascism, Corporatism and the Crafting of Authoritarian Institutions in Interwar European Dictatorships," 『Rethinking Fascism and Dictatorship in Europe』, ed. António Costa Pinto and Aristotle A Kallis (Basingstoke: Palgrave Macmillan, 2014), 87

- Matteo Passetti, "Neither Bluff nor Revolution: The Corporations and the Consolidation of the Fascist Regime (1925–1926)," 『In the Society of Fascists: Acclamation, Acquiescence, and Agency in Mussolini's Italy』, ed. Giulia Albanese and Roberta Pergher (Basingstoke: Palgrave Macmillan, 2012)

- Alessio Gagliardi, 『Il corporativismo fascista』 (Rome: Laterza, 2010)

- Philip Morgan, "Corporatism and the Economic Order," 『The Oxford Handbook of Fascism』, ed. R. J. B. Bosworth (Oxford: Oxford University Press, 2019), 150–65

- Fabio Gentile, "O estado corporativo fascista e sua apropriação na era Vargas," 『Ditaduras— a desmesura do poder』, ed. Nildo Avelino, Ana Montoia, and Telma Dias Fernandes (São Paulo: Intermeios, 2015), 171–95.

17   "조합주의는 규율의 경제이며, 따라서 규율 없는 분야는 생각할 수 없기에 통제되는 분야이기도 하다. 조합주의는 사회주의를 극복하고 자유주의를 극복하며 새로운 종합을 만들어낸다." 다음 참조. Benito Mussolini, 『Opera omnia』, ed. Edoardo and Duilio Susmel (Florence; La Fenice, 1951–62), vol. 26, 95

18   Hanks Kelsen, 『The Essence and Value of Democracy』, ed. Nadia Urbinati and Carlo Invernizzi Accetti (Lanham, MD; Rowman & Littlefield, 2013), 63–66. 이 책은 1920년 초판된 후 1929년에 업데이트되었다.

19   Francisco Franco, 『Franco ha dicho』 (Madrid: Ediciones Voz, 1949), 43.

20   Francisco Franco, 『Palabras del caudillo: 19 abril 1937–31 de diciembre 1938』 (Barcelona: Ediciones Fe, 1939), 176.

21   Francisco Franco, 『Discursos y mensajes del jefe del estado』 (Madrid: Dirección General de Cultura Popular y Espectáculos, 1971), 75.

22   Jorge Gonzalez von Marées, 『El mal de Chile (sus causas y sus remedios)』 (Santiago: Talleres gráficos "Portales," 1940), 121–22.

23   A. F., "La démocratie et le mensonge," Action française, October 2, 1938.

24   Jean-Renaud, "Chambre d' Incapables, de nuls, ou de pourris," La Solidarité nationale: Seul organe officiel du Parti du faisceau français, July 15, 1937.

25   AGN, Archivo Uriburu, Legajo 20, Sala VII 2596, Carpeta recortes s/n.

26   우리부루에게 파시즘은 현대화된 조합주의였다. 그는 유대인과 프랑스 혁명 모두에 반대했다. "1930년의 아르헨티나 혁명가들은 우리가 반동주의자라는 비난을 심각하게 받아들이면 안된다. 그것은 프랑스 혁명의 언어와 사상으로 만들어진 비난이다. ... 우리는 멀리 떨어진 곳에서 억압의 고통을 겪으며 살다 이곳에 와 시민이 된 몇몇 사람들이 외국의 선거 시스템을 도입하려는 우리를 악의적으로 비난하려는 목적으로 스스로를 모욕하는 걸 진지하게 받아들일 수 없다." AGN, Archivo Uriburu, Legajo 20, Sala VII 2596, Carpeta recortes s/n.

27   Franco, Franco ha dicho, 237, 242.

28   Franco, Palabras del caudillo, 149, 161, 276, 278.

10. 파괴의 힘

1   Georges Valois, 『La Révolution nationale』 (Paris: Nouvelle librairie nationale, 1926), 81. 논리적 진리와 영원한 진리의 차이에 대해 다음 참조. Sophia Rosenfeld, 『Democracy and Truth』 (Philadelphia: University of Pennsylvania Press, 2019), 15: Hannah Arendt, "Truth and Politics," New Yorker, February 25, 1967.

2   다음 참조.

- Massimo Scaligero (Antonio Massimo Sgabelloni), "Principi di etica fascista," Meridian (January 1936): 9–10.

- 네덜란드 파시스트 히켈링겐(De Vries De Heekelingen)은 "파시즘은 개인을 소멸시키는 것이 아니라 개인을 종속시키는 것"이라고 말했다. H. De Vries De Heekelingen, "Bismark e Mussolini," Critica Fascista, September 1, 1926, 322.

- 보타니의 편지에 관해서는 다음 참조. Archivio Centrale dello Stato, Rome, Italy, Archivi Fascisti, Segreteria Particolare del Duce, Carteggio riservato, B4 F BOTTAI GIUSEPPE SF 2.

3   Leopoldo Lugones, "Elogio de Maquiavelo," Repertorio Americano, November 19, 1927, 298.

4   Sigmund Freud, 『Civilization and Its Discontents』 (New York: Norton, 1962), 8, 9, 92.

5   Sigmund Freud, 『The Letters of Sigmund Freud』, ed. Ernst L. Freud (New York; Basic Books, 1960), 283.

6   다음 참조.

- Sigmund Freud, 『Moses and Monotheism』 (New York: Vintage, 1939), 67

- Ernest Jones, 『The Life and Work of Sigmund Freud』 (New York: Basic Books, 1957), vol. 3, 183–84.

7 프로이트와 파시즘에 관해서는 다음 참조. Federico Finchelstein, 『El mito del fascismo: De Freud a Borges』 (Buenos Aires: Capital Intelectual, 2015), 43–77.

8 Antonio Gramsci, 『Passato e presente』 (Rome: Editori Riuniti, 1979), 284.

9 Theodor Adorno, "Anti-Semitism and Fascist Propaganda" (1946), 『Gesammelte Schriften』 (Frankfurt; Suhrkamp, 1990), vol. 8, 406, 407.

10 José Carlos Mariátegui, 『Obra política』 (Mexico City: Era, 1979), 121–22.

11 Benito Mussolini, 『Opera omnia』, ed. Edoardo and Duilio Susmel (Florence: La Fenice, 1951–62), vol. 7, 98.

12 Mariátegui, Obra política, 121–22.

13 Adorno, "Anti-Semitism and Fascist Propaganda," 401, 402, 407.

14 Hannah Arendt, "Approaches to the German Problem," 『Essays in Understanding 1930– 1954』, ed. Jerome Kohn (New York: Harcourt Brace, 1994), 111–12.

15 다음 참조.
- Jorge Luis Borges, "Letras alemanas: Una exposición afligente," Sur 8, no. 49 (1938): 67
- Jorge Luis Borges, Obras completas IV (Barcelona: Emecé, 1996), 378, 442.

16 Borges, Obras completas IV, 427, 442–44.

17 Benito Mussolini, 『Scritti e discorsi di Benito Mussolini』 (Milan: Hoepli, 1934), vol. 5, 190.

에필로그 – 포퓰리스트들의 역사에 대한 전쟁

1 다음 참조.

- "Welcome to Dystopia—George Orwell Experts on Donald Trump," The Guardian, January 25, 2017

- Henry Giroux, "'Shithole countries': Trump Uses the Rhetoric of Dictators," Conversation, January 10, 2018

- Adam Gopnik, "Orwell's '1984' and Trump's America," New Yorker, January 27, 2017.

2 다음 참조.

- Paul Farhi, "Lies? The News Media Is Starting to Describe Trump's 'Falsehoods' That Way," Washington Post, June 5, 2019

- Katie Rogers, "An Orwellian Tale? Trump Denies, Then Confirms, 'Nasty' Comments about Meghan Markle," New York Times, June 5, 2019

- "In 828 Days, President Trump Has Made 10,111 False or Misleading Claims," Washington Post, April 27, 2019

- Glenn Kessler, Salvador Rizzo, and Meg Kelly, "President Trump Has Made 13, 435 False or Misleading Claims over 993 Days," Washington Post, October 14, 2019

- 다른 사례들은 다음 참조. Susan B. Glasser, "It's True: Trump Is Lying More, and He's Doing It on Purpose," New Yorker, August 3, 2008: Stephen Walt, "Does It Matter That Trump Is a Liar?," Foreign Policy, September 17, 2018.

3 다음 참조.

- Michelle Boorstein, "Sarah Sanders Tells Christian Broadcasting Network: God Wanted

Trump to Be President," Washington Post, January 30, 2019

- Andrew Restuccia, "The Sanctification of Donald Trump," Politico, April 30, 2019

- "Trump to the National Prayer Breakfast: 'I will never let you down. I can say that. Never,'" Washington Post, February 7, 2019

- "Trump Says He's 'So Great Looking and Smart, a True Stable Genius,' in Tweet Bashing 2020 Dems," USA Today, July 11, 2019

- John Wagner, "Trump Quotes Conspiracy Theorist Claiming Israelis 'Love Him Like He Is the Second Coming of God,'" Washington Post, August 21, 2019

- Chris Moody, "Donald Trump: 'God is the ultimate,'" CNN, September 23, 2015.

4   Claudia Koonz, 『Mothers in the Fatherland; Women, the Family, and Nazi Politics』 (New York; St. Martin's Press, 1987), 268.

5   Peter Longerich, 『Goebbels; A Biography』 (New York; Random House, 2015), 696.

6   Amy Sullivan, "Millions of Americans Believe God Made Trump President," Politico, January 27, 2018.

7   다음 참조.

- Nick Givas, "Trump Tells Reporters He's 'Always Right' during Oval Office Press Conference with Polish President," Fox News, June 12, 2019

- 웹사이트 www.foxnews.com/politics/trump-tells-media-always-right-cnn.

- Ittai Orr, "Why His Fans Think Trump Has 'Great and Unmatched Wisdom,'" Washington Post, October 8, 2019

8   Bob Bauer, "Trump's Voter-Fraud Lies Are a Betrayal of His Oath," Atlantic, November 19, 2018.

9 다음 참조.

  - Arnie Seipel, "Fact Check: Trump Falsely Claims a 'Massive Landslide Victory,'" NPR, December 11, 2016

  - 웹사이트 www.npr.org/2016/12/11/505182622/factcheck-trump-claims-a-massive-landslide-victory-but-history-differs.

10 다음 참조.

  - Nadia Urbinati, 『Democracy Disfigured: Opinion, Truth, and the People』 (Cambridge, MA: Harvard University Press, 2014), 153.

  - Nadia Urbinati, 『Me the People: How Populism Transforms Democracy』 (Cambridge, MA: Harvard University Press, 2019)

  포퓰리즘에 대해서는 다음 참조.

  - Carlos de la Torre, ed., 『Routledge Handbook on Global Populism』 (London: Routledge, 2018)

  - Jan-Werner Müller, 『What Is Populism?』 (Philadelphia: University of Pennsylvania Press, 2016)

  - Cas Mudde and Cristóbal Rovira Kaltwasser, 『Populism: A Very Short Introduction』 (Oxford: Oxford University Press, 2017)

11 Federico Finchelstein, 『From Fascism to Populism in History』, 252–53.

12 위의 책. 199.

13 위의 책. 207–8. On fascism and populism, see also Mabel Berezin, "Fascismand Populism; Are They Useful Categories for Comparative Sociological Analysis?," Annual Review of Sociology 45 (2019); 345–61.

14   다음 웹사이트 참조.

www.haaretz.com/world-news/.premium-how-netanyahu-became-aholocaust-
revisionist-1.6744462

www.haaretz.com/israel-news/netanyahuabsolves-hitler-of-guilt-1.5411578

15   이 주제에 관해서는 저자의 전작 『From Fascism to Populism in History』
(Oakland: University of California Press, 2019)의 페이퍼백 xviii 참조.

16   Hannah Arendt, 『Between Past and Future: Eight Exercises in Political Thought』 (New
York: Penguin, 2016), 228.

17   다음 참조.

- Ruth Ben-Ghiat, "How to Push Back against Trump's Propaganda Machine," Washington
Post, September 20, 2018

- Patrick Iber, "History in an Age of Fake News," Chronicle of Higher Education, August 3,
2018

18   Juan Domingo Perón, 『Obras completas』 (Buenos Aires: Docencia, 1998), vol. 24, 468.

19   트럼프는 무솔리니의 발언에 대해 이렇게 말했다. "매우 좋은 인용문이
고, 매우 흥미로운 인용문이라는 걸 나는 알고 있다. … 누가 한 말
인지도 알고 있다. 하지만 무솔리니든 다른 사람이든 그게 무슨 차이
가 있나? 확실히 매우 흥미로운 인용문이다." Jenna Johnson, "Trump on
Retweeting Questionable Quote: 'What difference does it make whether it's Mussolini,'"
Washington Post, February 28, 2016

다음 참조.

- Peter Longerich, 『Goebbels: A Biography』 (New York: Random House, 2015), 71

- Katie Shepherd, "'Beyond repugnant': GOP Congressman Slams Trump for Warning of 'Civil War' over Impeachment," Washington Post, September 30, 2019

- 나치즘과 기독교 상징 및 언어 사용에 대해서는 다음 참조. Ian Kershaw, 『The "Hitler Myth": Image and Reality in the Third Reich』 (Oxford: Oxford University Press, 1987)

20 보우소나루는 1999년에 이렇게 말했다. "투표를 통해서는 이 나라의 어떤 것도 바꿀 수 없다. 아무것도, 절대 그 어떤 것도! 불행한 일이지만, 상황은 오직 당신이 내전을 시작하는 날에만 바뀔 것이다. 그리고 군사 정권이 하지 않은 일을 하는 날에만 바뀔 것이다. FHC(페르난도 헨리케 카르도소 브라질 전 대통령)부터 풀어주지 않고 죽이면서! 약 30,000명을 죽이기 시작하면서! 무고한 사람들이 좀 죽어도 괜찮다. 전쟁에서는 무고한 사람들이 죽는 법이다." 다음 참조. Kiko Nogueira, "Sou a favor da tortura. Através do voto, você não muda nada no país. Tem que matar 30 mil," Diário do Centro do Mundo, October 4, 2017.

21 다음 참조.

- Bruno Biancini, ed., 『Dizionario mussoliniano: Mille affermazioni e definizioni del Duce』 (Milan: Hoepli, 1939), 58

- Javier Lafuente, "Bolsonaro: 'Esta misión de Dios no se escoge, se cumple,'" El País, October 29, 2018

22 역사학자 마크 마조워(Mark Mazower)의 설명처럼, "우리는 파시즘을 병적인 것으로 여기는 경향이 있다. 그것이 파시즘의 부상을 더욱 이해하기 어렵게 만든다." 다음 참조. Mark Mazower, "Ideas That Fed the Beast of

Fascism Flourish Today," Financial Times, November 6, 2016.

23   역사학자 소피아 로젠펠드(Sophia Rosenfeld)가 미국 대통령의 폐쇄적 세
      계에 대해 언급한 것처럼, "트럼프의 왕국(trumpland)에서는, 진실
      은 거짓이 되고 거짓이 진실로 둔갑한다." 다음 참조. Sophia Rosenfeld,
      『Democracy and Truth』 (Philadelphia: University of Pennsylvania Press, 2019), 7.

24   Josh Dawsey, "Trump Derides Protections for Immigrants from 'Shithole' Countries,"
      Washington Post, January 12, 2018.

"세상 모든 것에 감탄하는 지혜로운 사람들의 공간"
도서출판 호밀밭

파시스트 거짓말의 역사 A Brief History of Fascist Lies
ⓒ 2020, 페데리코 핀첼스타인 Federico Finchelstein

초판 1쇄	2023년 06월 26일
지은이	페데리코 핀첼스타인 Federico Finchelstein
옮긴이	장현정
책임편집	박정오
디자인	박규비
펴낸이	장현정
펴낸곳	호밀밭
등록	2008년 11월 12일(제338-2008-6호)
주소	부산광역시 수영구 연수로 357번길 17-8
전화	051-751-8001, 0505-510-4675
팩스	0505-510-4675
홈페이지	homilbooks.com
전자우편	anri@homilbooks.com

Published in Korea by Homilbooks Publishing Co, Busan.
Registration No. 338-2008-6.
First press export edition June, 2023.

Author Federico Finchelstein
ISBN 979-11-6826-105-1　　03300

※ 가격은 겉표지에 표시되어 있습니다.
※ 이 책 내용의 전부 또는 일부를 재사용하려면 반드시 저작권자와 ㈜호밀밭 양측의 동의를
받아야 합니다.